AF462547

STÉNOGRAPHIE,

OU

L'ART D'ÉCRIRE

AUSSI VITE QUE PARLE UN ORATEUR.

PARIS. — IMPRIMERIE DE FAIN, RUE RACINE, N°. 4,
PLACE DE L'ODÉON.

STÉNOGRAPHIE,

OU

L'ART D'ÉCRIRE

AUSSI VITE QUE PARLE UN ORATEUR;

MÉTHODE EXPRIMANT FIDÈLEMENT TOUS LES SONS, JUGÉE, PAR LES SAVANS ET LES PRATICIENS, LE PLUS RAPIDE ET LE PLUS LISIBLE DES PROCÉDÉS CONNUS :

PAR M. CONEN DE PRÉPÉAN.

Abréger ses travaux, c'est prolonger sa vie.

CINQUIÈME ÉDITION,

SIMPLIFIÉE et très-améliorée par les changemens de l'auteur aux différentes éditions de sa Sténographie, et par les progrès de l'art;

AUGMENTÉE d'un *Recueil* de traits d'Histoire, d'Éloquence et de Littérature, imprimé en caractères sténographiques, avec la traduction, pour faciliter l'étude de cet art, et l'apprendre en peu de temps, sans le secours d'aucun maître.

Prix : 5 fr. la Méthode, et 9 fr. avec le Recueil.

A PARIS,

CHEZ
L'AUTEUR, RUE DES FOSSÉS ST.-JACQUES, N°. 14;
AUDIN, QUAI DES GRANDS-AUGUSTINS, N°. 25;
MAIRE-NYON, QUAI DE CONTI, N°. 13;
BÉCHET, PLACE DE L'ÉCOLE DE MÉDECINE, N°. 4;
RORET, RUE HAUTEFEUILLE, N°. 12;
DELAUNAY, AU PALAIS-ROYAL, ETC.

1825.

PRÉFACE.

OCCUPÉ depuis plusieurs années d'un art dont le but est de fixer la parole fugitive, d'imprimer à l'instant les traits sublimes échappés au génie ou aux inspirations de l'éloquence, et de rendre l'écriture digne rivale de l'organe de la pensée (*), encouragé dans mes efforts par les progrès de la Sténographie, les praticiens que mes

(*) « L'écriture exprime à la fois la pensée et la parole;
» elle les grave l'une et l'autre sur des matières in-
» sensibles, et c'est au moyen de ces interprètes
» muets et sourds que l'homme rend visible et pal-
» pable (car l'aveugle lit avec les doigts), ce qu'il y a
» en nous, et même dans l'univers, de plus invisible et
» de plus impalpable, la pensée; qu'il rend fixe, per-

divers procédés ont contribué à former, et surtout par l'approbation ou la judicieuse critique de quelques savans et d'un petit nombre de vrais connaisseurs, j'ai cherché à me rendre digne de ces honorables suffrages, en continuant mes recherches sur la possibilité de reculer vers le but proposé les bornes d'un art qui fait aujourd'hui partie d'une bonne éducation.

Cependant mon expérience ne me permettait pas de m'aveugler sur l'imperfection de quelques moyens présentés dans mes divers traités de Sténographie, moyens propagés depuis, défigurés, ou mal adaptés par certains

---

» manent, transportable, ce qu'il y a de plus mobile et
» de plus fugitif, la parole. » (DE BONALD.)

Frappés de ce que cet art a de merveilleux et d'utile, les Indiens commencent leurs prières par ces mots : *Béni soit l'inventeur de l'écriture !*

Cicéron, dans son admiration pour un art dont il fit un si bel usage, dit, en parlant de son inventeur : *Non ex hac terrenâ mortalique naturâ concretus is esse videtur.*

abréviateurs qui, copiant servilement mon système, et changeant seulement l'acception d'un ou deux signes, se font préconiser comme auteurs de nouvelles méthodes perfectionnées.

Étonné cependant de l'audace du plagiat, et craignant que l'erreur ne fît rétrograder l'art, je me suis déterminé à publier les améliorations que j'ai faites aux diverses éditions qui se sont succédé de 1813 à 1822.

Ces changemens simplifient la Sténographie, la mettent à la portée de toutes les intelligences, en donnant plus de fixité au régime d'écriture, en réduisant à un petit nombre de règles générales les principes de cet art, surtout en débarrassant les lettres similaires des signes additionnels qui ralentissent et défigurent l'écriture, et dont l'omission rend la lecture trop difficile; en remplaçant les abréviations grammaticales et logiques par un mode purement mécanique, et cependant toujours d'accord avec la génération des mots.

Des jeunes gens exercés sur différens systèmes, et qui n'avaient point recueilli les avantages qu'ils s'en étaient promis, se sont formés en peu de temps avec les nouveaux moyens que je présente. Ils ont pu, en suivant les cours où se distinguent des savans en tout genre, copier leurs discours entiers, ou choisir dans un texte fidèle.

L'étude de la Sténographie éveille l'attention, favorise la mémoire et facilite surtout la connaissance des langues, en remettant continuellement sous les yeux du jeune sténographe les principes de sa langue maternelle, et leur application à tout idiome étranger.

Mes efforts doivent tendre maintenant à répandre une méthode que l'opinion publique, éclairée par l'expérience et le jugement des savans qui se sont occupés de la simplification des langues écrites, a daigné accueillir avec une bienveillance honorable pour moi, et utile aux progrès de l'art.

Puissent mes tentatives être encouragées ! Puisse le zèle, si souvent refroidi par la déception, se ranimer enfin par la certitude du succès ! Alors la Sténographie, élevée au rang des arts de première utilité, sera jugée digne de l'étude des hommes qui savent le mieux apprécier la valeur du temps.

« Le sage est ménager du temps et des paroles. »

(La Fontaine.)

Avant de passer à l'instruction, je dois prévenir mon lecteur qu'il ne doit point rechercher dans cette sorte d'ouvrage ce qu'on appelle l'*Élégance du style*. La clarté et la simplicité en font le seul mérite ; en s'efforçant à faire briller l'élocution souvent on obscurcit la pensée.

C'est avec raison que l'allégorie nous représente la *vérité* dépouillée de tout ornement et belle de sa nudité.

« Elle n'est point parée, et c'est là sa parure. »

(Dupaty.)

INTRODUCTION.

Depuis long-temps l'on a senti combien il serait précieux de pouvoir tracer les signes destinés à rappeler les sons et les articulations aussi vite que l'organe de la parole peut les proférer ; aussi l'art abréviatif a-t-il été l'objet des méditations d'un grand nombre de grammairiens et de savans, parmi lesquels on distingue : Wilkin, Commenius, Becher, Beattie, le président Debrosses, Leibnitz, etc.

Plusieurs grands hommes s'en sont également occupés : Sénèque composa un *dictionnaire* de signes représentatifs des termes les plus usités.

Il était digne de Titus, le modèle des rois, de se livrer à l'étude d'un art qui, en abrégeant les importantes fonctions du souverain, lui laissait le loisir de méditer les moyens de faire des heureux.

César défiait en célérité ses plus habiles sténographes.

En se rapprochant de notre âge, l'infortuné Charles Ier., roi d'Angleterre, écrivit ses malheurs en sténographie ; sa main, guidée par son cœur, voulut dissimuler sous des signes alors mystérieux les égaremens de sa nation.

Qui a mieux exprimé le caractère et les avantages de la sténographie que Martial dans ces deux vers :

Currant verba licet, manus est velocior illis ;
Nondùm lingua suum dextra peregit opus.

Sans faire de recherches savantes sur ce que les anciens ont dit de la sténographie, l'on sait que Xénophon s'en servit pour recueillir les leçons de Socrate ; que le discours de Caton contre Catilina fut conservé par son moyen, que Cicéron avait dans Tiron, son affranchi, un habile abréviateur, et que ce genre d'écriture en prit le nom de *notes tironiennes ;* qu'Ausone fit des vers en l'honneur d'un célèbre sténographe de son temps ; que les caractères abréviatifs servaient dans les tribunaux ; qu'on les employait à la rédaction des actes publics qui, chez les notaires, n'était que préparatoire, et n'avait force légale, que lorsqu'elle était *grossoyée*, c'est-à-dire, écrite sans abréviations, signée et scellée par le tabellion; qu'enfin la France possède plusieurs manuscrits en notes tironiennes, tels qu'un capitulaire et cinquante-quatre chartes de Louis le Débonnaire.

Comme il ne nous est parvenu aucun traité des anciens sur la sténographie, nous ne pouvons savoir à quel point elle était perfectionnée chez eux. Cependant cet oubli absolu ne nous porterait-il pas à croire que si l'art rival de la parole eût été fondé sur des bases solides, son utilité en eût fait une branche essentielle de l'éducation, dont il nous resterait sans doute aujourd'hui quelques vestiges.

L'on s'est occupé sérieusement en France, depuis environ quarante ans, des moyens d'écrire aussi vite que l'on parle; mais quoique nous ayons plusieurs systèmes d'abréviation, l'art compte à peine quelques praticiens imparfaits. La plupart des abréviateurs qui ont été séduits par l'espoir d'atteindre au but, se sont arrêtés au milieu de la carrière.

L'insuffisance des méthodes connues, le peu d'encouragement donné à un art presque ignoré encore, la stérilité de ce genre de travail, etc., n'ont pu rebuter le zèle éclairé, appréciant l'importance d'une découverte qui, dans sa perfection, doit rivaliser avec la mémoire, cette source féconde des connaissances humaines.

Plusieurs traités se sont succédé rapidement : la *Tachygraphie*, la *Sténographie* (de Taylor), l'*Okygraphie*, la *Sténographie méthodique*, l'*Expéditive*, la *Phonographie*, la *Lacographie*, l'*Échographie*, la *Graphodromie*, la *Polygraphie*, la *Notographie*, la *Protographie*, etc. (*), ont concouru sur le même objet.

Mais doit-on admettre comme preuve infaillible du dernier degré de la science, l'exemple de quelques adeptes qui, à force de temps, de travail, de patience et de mémoire, sont parvenus à acquérir un talent d'autant plus précieux qu'il leur coûte plus cher ?

Pour qu'un art soit reconnu d'une utilité générale, il faut que la théorie et l'exécution simples et fa-

---

(1) Toutes ces méthodes n'ont pas le même degré de mérite ; mais il en est peu où l'on ne trouve d'excellentes choses, dont j'ai tâché de profiter. La Bruyère a dit : *Le choix des pensées est invention.*

Les personnes curieuses de connaître le plan des systèmes les mieux accueillis, peuvent en lire l'analyse dans ma quatrième édition.

ciles, assurent à la plupart des praticiens un succès complet et certain : et n'est-on pas en droit de récuser l'expérience faite par quelques-uns de ces enfans privilégiés de la nature, qui doivent beaucoup plus à la dextérité de la main qu'au génie de la méthode?

L'art abréviatif jouit de l'avantage d'être du petit nombre de ceux dont l'existence et l'utilité sont fondées sur une évidence mathématique; bien différent en cela des sciences occultes, ou de celles qui n'ont pour juges que le goût, les passions ou les préjugés. Ici les hommes les plus simples ne peuvent être fascinés, ni par l'assurance de l'amour-propre, ni par l'illusion des paradoxes, ni par le prestige de l'élocution : l'art abréviatif ne peut en imposer, et son importance repose sur une démonstration.

La *sténographie* de TAYLOR, adaptée à la langue française par M. BERTIN, a été pendant plusieurs années le seul des procédés abréviatifs connus en France qui ait fourni, par le talent de quelques praticiens, la preuve irrécusable qu'on peut, avec un système d'écriture, recueillir la parole oratoire.

Mais combien l'art ne doit-il pas à la sagacité et aux moyens arbitraires de ces abréviateurs! Quels obstacles n'ont-ils pas eu à surmonter pour se rendre familière la lecture d'une écriture privée de voyelles initiales et médiales !

La plupart de ceux qui avaient adopté cette méthode n'en ont retiré aucun avantage.

En effet, de quelle utilité peut être pour l'étude des sciences, des arts, de l'histoire, de la géographie, des langues, etc., une écriture dont chaque mot présente une foule d'acceptions, et qui n'exprime exactement aucune articulation de la voix ? On ne peut l'appliquer qu'à des objets habituels et familiers, parce qu'alors la mémoire vient au secours de l'art.

Une sténographie sans voyelles ne peut nous retracer que des objets déjà connus; ainsi, le domaine en est bien restreint. Tout ce que sait un seul homme n'est qu'un point dans le cercle des connaissances humaines.

Le praticien d'une telle méthode, forcé d'avoir des notions précises sur le sujet qu'il décrit, ne sera pas plus avancé dans la carrière sténographique, après dix ans d'exercice qu'au bout d'une seule année; sa course est arrêtée au milieu du but que se propose l'art par les obstacles insurmontables que lui opposent la raison et le génie de la langue parlée.

Ce mode d'écriture doit donc être rejeté comme moyen de correspondance ; ses vices entraîneraient dans les plus graves inconvéniens.

Tant d'imperfections ont jeté sur cet art naissant une défaveur et un préjugé dont il sera difficile de faire revenir. La plupart des hommes sont enclins à douter, et lents à accueillir les découvertes nouvelles.

Certains abréviateurs, en suivant la base de notre système, et en conservant la plupart de nos moyens abréviatifs, ont jugé à propos de faire des changemens dans la propriété des signes. Ils critiquent, ils refondent avant d'avoir étudié l'analogie des lettres, leur affinité, leur fréquence dans le mécanisme des langues, et surtout la possibilité de les combiner de manière à composer des élémens d'un mot, un *monogramme* facile à tracer, à aligner, évitant les angles obtus, les contours forcés, etc. C'est donc principalement dans le régime d'écriture qu'on doit chercher les moyens de rapidité et d'exactitude.

Le choix des signes est si peu arbitraire, qu'il m'a fallu combiner les mutations que présentent les formes primitives dans leur application aux lettres, et ce n'est qu'après bien des essais que je suis parvenu à les unir, à les aligner sans effort, et à obtenir des monogrammes faciles et réguliers. Ainsi, par exemple, si j'avais donné une direction toujours descendante aux lettres *t*, *d*, *l* les plus fréquentes dans le français et dans la plupart des langues modernes, je n'aurais pu, en composant mes signes, les tracer en lignes d'écriture. La courbe, moins favorable à la liaison que la ligne droite, eût ralenti la plume. Par cette raison, si je n'avais adapté les divisions du cercle à des lettres similaires, de telle sorte que leurs signes pussent se prêter leurs contours, les liaisons intermédiaires forcées, ou ne tranchant point assez, eussent rendu mon écriture aussi illisible que difforme. J'aurais pu, il est vrai, augmenter le nombre de mes signes, en donnant une seule acception de consonnes aux parties du cercle, et une direction constamment ascendante ou descendante à la ligne oblique à gauche. Mais l'épreuve de ces moyens m'a présenté des inconvéniens tels que j'ai préféré étendre l'usage de la ligne droite, en suivant toujours l'analogie des organes. Ce n'est donc qu'après un calcul approfondi, que je me suis arrêté à la dénomination des signes.

Il ne faut pas juger du mérite d'un alphabet par les lettres vues isolément; mais il importe surtout de les considérer selon le but qu'on se propose, dans la liaison des caractères et la formation des mots. Alors, les signes qui paraissaient, en quelque sorte, identiques, se mesurent par la proportion, s'alignent par leur direction, se distinguent par l'inclinaison et le contour, etc.

L'écriture monogrammatique, beaucoup plus rapide que l'écriture syllabique, est aussi plus facile à lire, en ce que, dans la déformation, le signe plus ou moins composé qui retrace le mot, présente encore une figure *mnémonique*. L'on peut donc lire cette écriture, soit en la décomposant en sons et en articulations, comme dans le procédé ordinaire, soit par le souvenir du signe qui peint le mot. Les écritures, dont les caractères sont détachés, ne peuvent offrir un avantage auquel on ne contestera pas une grande supériorité, dans un mode d'écriture, dont l'extrême rapidité s'allie rarement avec la régularité de toutes les lettres, qu'il faut voir distinctement pour lire dans les méthodes syllabiques.

Il n'y a dans la nature qu'un petit nombre de formes premières et qui ne peuvent être défigurées ou altérées dans leur liaison ; je n'en trouve que neuf qui soient réellement simples, régulières et distinctes : ce sont les quatre sortes de lignes droites dénommées, *perpendiculaire*, *oblique* à droite, *oblique* à gauche, et *horizontale;* les quatre sections du cercle que l'on obtient en le partageant par deux diamètres, l'un tracé horizontalement et l'autre verticalement, enfin le cercle entier.

Toutes les autres figures plus susceptibles de se déguiser ne sont que des modifications de ces premières formes géométriques.

L'étude des lettres *similaires* et analogues m'a fourni le moyen de compléter mon système avec les neuf caractères primitifs.

J'ai fait une nouvelle analyse des signes sténographiques; j'ai trouvé plusieurs lettres où Taylor n'en avait aperçu qu'une; j'ai donc décomposé des figures qu'il avait considérées comme simples; écrivant les sons avec exactitude et tels que l'organe les profère, j'ai pu lier ensemble plusieurs monogrammes.

J'ai en outre réduit à leur racine les mots les plus composés, en suivant les premiers élémens de la grammaire générale. C'est sur ce point surtout que mon système mérite l'attention des abréviateurs, et qu'il leur présente un aspect tout-à-fait nouveau.

L'avantage de ramener les mots composés à leur forme la plus simple, soit par les principales désinences de la langue, soit par des notions familières à tous les hommes , doit être immense pour une écriture abréviative : la plupart de ces mots sont ainsi réduits à la moitié des lettres exprimées dans l'écriture usuelle : ce système d'abréviation est le complément de la Sténographie.

Tel est l'énoncé d'une partie des moyens développés dans mon traité.

L'objet principal d'une écriture accélérée étant de recueillir la parole, son premier mérite est nécessairement la rapidité et la *lisibilité* ; il m'a donc paru superflu de s'attacher aux distinctions orthographiques ou étymologiques.

La langue écrite doit suivre les progrès et les variations de la langue parlée dont elle est la peinture ou l'écho : la raison d'*étymologie* est bien faible devant les avantages immenses qui résulteraient de la simplification de l'écriture.

Pour mettre le public à même de juger quel peut être le système d'abréviation le plus propre à suivre la parole, il serait à désirer qu'il y eût un concours où tous les sténographes seraient admis : les prix décernés signaleraient les meilleures méthodes.

Cette décision serait d'autant plus avantageuse , qu'elle fixerait l'opinion , et déterminerait les amateurs de l'art abréviatif à adopter une méthode unique, laquelle, se propageant insensiblement, deviendrait un moyen rapide de correspondance générale et particulière, infiniment préférable à l'écriture usuelle, dont la lenteur rebute et entretient la paresse.

Pour se persuader que la Sténographie est enfin parvenue à son but, et qu'elle peut procurer les nombreux avantages décrits par les auteurs qui ont contribué à ses progrès, il faut d'abord se demander quel est l'objet de l'écriture et ce qui en constitue la supériorité; quels sont les signes les plus simples, les plus distincts, les plus rapides, les mieux adaptés aux diverses articulations d'après leur analogie; enfin, quelle est la véritable *orthographe* (*recta scriptio*), ou la manière d'écrire la plus conforme à la bonne prononciation.

La solution de toutes ces questions donne à l'écriture sténographique un immense avantage sur le mode usité, chargé de signes lents et difficiles à tracer, d'une multitude de lettres souvent étrangères à la prononciation, et dont l'acception varie sans raison, et quelquefois même contre la règle. Aussi, combien est difficile l'art de lire et d'écrire! Quelle doit être la puissance de la mémoire qui parvient à vaincre tant d'obstacles! En vain le génie et la raison s'unissent pour combattre l'habitude et le préjugé, il faut des siècles pour faire adopter aux hommes les vérités les mieux établies ; tandis que la fausse gloire, le merveilleux et l'imposture même, les séduisent et les entraînent.

Cependant on ne peut douter que l'utilité de la Sténographie ne contribue à la répandre ; l'évidence de sa supériorité est trop frappante, et bientôt elle deviendra une branche essentielle de l'éducation.

Les ministres, les chefs d'administration, les hommes publics revêtus de fonctions étendues, voudront avoir des secrétaires sténographes.

Les généraux, dont les aides de camp prendront les ordres avec le secours de la Sténographie, n'auront point à craindre l'infidélité de la mémoire, et le défaut d'intelligence, qui peuvent compromettre le salut d'une armée ou la gloire d'un héros.

La Sténographie sera surtout d'un grand secours à tous ceux qui par état écrivent beaucoup ; aux avocats, aux notaires, aux avoués, aux hommes de lettres, aux rédacteurs, aux expéditionnaires, à ceux qui suivent des cours, qui font des extraits, des analyses, des compilations ; aux naturalistes qui, pour observer avec fruit, sont en quelque sorte obligés de saisir la nature sur le fait, et dont les remarques savantes et curieuses perdent leur principal mérite, si elles ne sont l'expression de la vérité.

L'homme de génie pourra fixer avec une heureuse rapidité les pensées dont son imagination est assaillie; son feu, ses transports ne seront plus refroidis par le mécanisme pénible de l'écriture usuelle.

Que de choses à dire en faveur de la Sténographie devenue écriture générale! que d'économie de temps! quel résultat pour les progrès des sciences! quelle célérité dans la correspondance! quelle fidélité dans la transcription des discours des ministres, des députés, des orateurs, des professeurs, etc. (1)!

---

(1) S'il est des hommes que la vue d'une nombreuse assemblée glace et interdit, il en est d'autres en qui elle produit un effet opposé. Froids dans le cabinet, ils s'échauffent et s'animent dans les actions publiques; leur auditoire les inspire. Alors, se présentent en foule ces idées heureuses, ces expressions énergiques, ces tours vifs et naturels qu'on travaillerait inutilement à retrouver, quand on n'est plus dans la disposition qui les a produits. De là vient que la vraie éloquence, celle qui persuade, qui touche et qui émeut, ne se trouve que rarement dans les livres.

« Combien d'art pour rentrer dans la nature..... pour jeter

Dans les tribunaux, quelle importance pour la déposition des témoins, dont la déclaration, le dire et l'expression influent si puissamment sur la décision des juges et l'honneur des familles !

Au spectacle, une tirade vous ravit, une romance vous enchante, vos tablettes deviennent dépositaires de pensées qui rappelleront à votre cœur et à votre mémoire les douces émotions qui n'eussent été que fugitives.

La Sténographie, comme écriture diplomatique, peut rendre les plus éminens services : changez l'acception des signes, en lui conservant la rapidité, vous la rendez impénétrable ; elle devient ainsi la confidente la plus sûre des secrets les plus importans.

L'écriture sténographique gagne sur le type or-

» autant de force, de passion et de persuasion dans un discours » étudié, et que l'on prononce dans le public, qu'on en a » quelquefois naturellement et sans préparation ! »

(LA BRUYÈRE, CH. DES JUGTS.)

Ce n'est point un paradoxe de dire qu'il est plus aisé d'être éloquent en parlant qu'en écrivant. C'est un sentiment que d'habiles orateurs ont soutenu.

(*Voyez* la belle préface des Sermons du P. Delarue.)

dinaire presque autant en espace qu'en rapidité ; plusieurs volumes peuvent être réduits en un seul : il devient facile par ce moyen de se composer une bibliothéque portative et peu dispendieuse.

Tant d'avantages doivent accroître le nombre des praticiens de la Sténographie, et lui mériter l'attention du public, des savans, et surtout celle des hommes puissans, dont les importantes fonctions ont pour objet l'intérêt et le bonheur général, et pour qui l'*économie du temps* est un bienfait qui rejaillit sur les peuples.

STÉNOGRAPHIE,

OU

L'ART D'ÉCRIRE

AUSSI VITE QUE PARLE UN ORATEUR.

STÉNOGRAPHIE EXACTE.

INSTRUCTION.

La Sténographie est l'art d'écrire aussi vite que parle un orateur (1).

Cette manière de retracer la parole est alphabétique comme l'écriture usuelle, c'est-à-dire, qu'elle figure par des caractères les sons et les articulations de la voix.

---

(1) La parole de quelqu'un qui lit est beaucoup plus rapide que celle d'un orateur qui improvise ; il est cependant quelques sténographes qui arrivent à ce dernier dégré de prestesse.

L'écriture sténographique se compose des signes primitifs, réguliers et distincts, connus sans étude de tous les hommes ; savoir : la ligne droite présentée verticalement, obliquement ou horizontalement ; la ligne courbe obtenue des quatre parties du cercle et le cercle entier. Ces neuf formes suffisent au sténographe pour exprimer fidèlement les mots, les phrases et toutes les nuances du langage.

Dans cette méthode, les élémens des formes désignent les élémens des sons, dont la composition réunie en *monogrammes* figure les mots : c'est donc à une combinaison mieux ordonnée que la Sténographie doit sa supériorité en vitesse sur le mode usuel, plutôt encore qu'au système d'abréviations.

La Sténographie se divise en écriture *exacte*, qui exprime fidèlement tous les élémens de la parole ; et en écriture *cursive*, qui peut en négliger une partie sans cesser d'être lisible.

L'alphabet de la Sténographie, plus complet que celui de l'écriture ordinaire, admet, pour la langue française, trente-trois élémens de sons et d'articulations, savoir : vingt consonnes, onze voyelles et les deux accens prosodiques. La méthode usuelle n'a que vingt-cinq lettres, insuffisantes pour exprimer toutes les articulations :

aussi, se sert-on de plusieurs caractères pour rendre un son. Les voyelles *ou*, *eu*, *an*, *on*, *in*, *un*, et les consonnes *ch*, *gn*, et *ll mouillé* offrent des exemples de cette imperfection.

Le Sténographe n'admet d'autre orthographe que celle du son; écrire est pour lui peindre la parole, sans avoir égard aux lettres étymologiques, étrangères à la prononciation. Il trace les mots comme il les entend, comme tel a été et tel devrait être l'objet de toute écriture.

ÉLÉMENS DE LA PAROLE.

CONSONNES.

Les articulations sont la base la plus solide des langues; elles varient moins avec le temps que les voyelles, dont l'intonation est modifiée par le climat et l'individu : aussi, est-ce par les consonnes qu'il faut rechercher l'étymologie (1).

---

(1) On conçoit la possibilité de lire une écriture composée de consonnes, en les articulant avec une voyelle; mais il nous paraît impossible de suppléer par les seules voyelles l'omission des consonnes.

Nous commencerons donc notre alphabet par ces lettres : elles se dénomment elles-mêmes.

Ainsi : *p*, *f*, *m*, *n*, *gn*, *ll*, *x*, *etc.*, se prononcent : *pe*, *fe*, *me*, *ne*, *gne*, *lle*, *xe*.

On donne à toutes les lettres le genre masculin (1); elles s'articulent avec notre *e faible*, inséparable des consonnes dans l'épellation.

Les agens des consonnes sont les *lèvres*, la *langue*, le *palais*, les *dents*, le *nez* et le *gosier* : elles forment toujours *articulation*, et ne peuvent se prolonger comme les lettres vocales.

Lettres similaires.

Les consonnes articulées par les mêmes organes offrent le plus souvent une telle analogie, qu'on les nomme *similaires*.

Ainsi les lettres . . . . *p*, *f*, *t*, *s*, *ch*, *q*,
ont pour similaires . . . . . *b*, *v*, *d*, *z*, *j*, *gue*.

Ces dernières ne sont qu'un affaiblissement des consonnes *fortes*, dont elles supposent ainsi la priorité.

(1) Puisque nos langues modernes donnent un genre à ce qui n'en a point.

Les consonnes se distinguent donc en *fortes* et en *faibles*.

Les similaires se classent deux à deux, se figurant par le même signe tracé dans une proportion double pour les lettres fortes.

Division des lettres.

Les consonnes se divisent en sept classes, d'après les organes dont elles dépendent et leur analogie entre elles.

1°. *Labiales* P, B figurées par la perpendiculaire, toujours tracée en descendant dans une proportion double pour P. (Pl. 1.)

2°. *Soufflantes* F, V formées de la ligne oblique à droite, également tracée en descendant dans une proportion double pour F.

3°. *Dentales*. T, D., Ces lettres, très-fréquentes dans la langue française, sont aussi désignées par la ligne la plus facile, l'oblique à gauche, tracée en descendant dans une proportion double pour T.

4°. *Palatales*. L, R. L'analogie entre ces deux lettres étant bien moins sensible qu'entre celles dont nous avons parlé, il devient nécessaire d'observer la proportion qui les distingue et qui, dans la liaison, se trouve mesurée par les consonnes qui composent le mot. Ces lettres appelées *liquides* par les grammairiens, parce qu'elles *coulent*, pour ainsi dire, dans l'articulation et se prononcent facilement avec presque toutes les consonnes, sont par leur nature les plus fréquentes des articulations : aussi, leur a-t-on donné une direction ascendante ou descendante, afin de pouvoir aligner et régulariser l'écriture.

La courbure en forme de quart de cercle, attachée à la ligne oblique à gauche, sert à distinguer *l*, *r* isolés de *t*, *d* ; elle est supprimée, lorsque les palatales sont précédées de lettres qui déterminent la direction, et alors ces consonnes sont figurées par une ligne ascendante que l'on distingue ainsi de celle appropriée aux dentales, qui se trace en descendant.

La proportion est double pour distinguer L de R.

L L *mouillé*, caractérisé par une sécante en forme d'*i* sténographique (1), barrant le signe du *l*, se trace, suivant la plus grande facilité de liaison, en montant ou en descendant ; quand la liai-

---

(1) L'*i*, dans notre écriture ordinaire, précède la consonne *l* pour lui donner l'articulation *mouillée*.

son est également favorable, il faut préférer la direction ascendante à cause de l'analogie des lettres *l* et *lle*. (Pl. I.)

5°. *Sifflantes* S, Z, CH, J, X. La ligne horizontale qui les figure se trace de manière à faciliter l'alignement; elle est d'une proportion double pour distinguer S et CH de leurs relatives faibles Z et J.

La ligne courbe qui barre le trait horizontal pour désigner X, est en petit la forme du *Gue* qui compose l'articulation *Gue* S, véritable appellation du X.

L'analogie de cette double lettre avec S, permet le plus souvent l'omission de la sécante, comme dans les mots *expert*, *expédier*, *extrême*, etc., que l'on peut écrire : *espert*, *espédier*, *estrême*.

La courbure initiale qui distingue CH et J de S et Z, se supprime dans la liaison après une autre lettre; elle est alors remplacée par une sécante en forme de *f* pour la *forte* et de *d* pour la *douce*. Exemp., *âgé*, *acheter*. (Pl. 2, *mots cités*, etc.) Ces traits complétifs doivent se former légèrement du tranchant de la plume et dans une très-petite proportion.

6°. *Nasales*. M, N, GN, figurées, par les parties du cercle tracées de gauche à droite, que nous appellerons *courbes horizontales*. Leur forme bien caractérisée ne permet point de confondre des lettres qui n'offrent que très-peu d'analogie.

GN se compose de l'union d'une petite courbure en forme du *gue* sténographique à l'un des signes figurant N ou M.

Lorsque l'un ou l'autre contour est facile, il faut préférer celui du N, parce qu'il y a entre cette lettre et l'articulation *gn* une relation qui n'existe pas avec M, comme on en peut juger par le mot *signifier* qui se rapproche de *sinifier*.

Si la forme du *N* est forcée, l'on prend celle du *M* qu'on ne néglige alors jamais de barrer.

7°. *Gutturales* Q, *Gue*. Les parties du cercle obtenues en le coupant par un diamètre vertical, désignent ces consonnes que nous appellerons *courbes verticales* (1). La grande similitude de ces deux lettres permet de se servir, dans la liaison, du contour le plus favorable à la vitesse et à la régularité; en indiquant ce changement par une petite *barre*, dont la propriété est de renverser les courbures du cercle et la direction de la ligne oblique, comme on le verra ci-après.

---

(1) Que l'on nous permette ces dénominations de *courbes verticales* et *courbes horizontales*, qui ne sont point rigoureuses en mathématiques, mais qui simplifient l'expression.

Usage de la courbure initiale.

Pour compléter le nombre des consonnes, sans dénaturer les formes primitives et sans surcharger l'écriture de traits supplétifs, l'on a ajouté une petite courbure au commencement de la ligne oblique à gauche et de la ligne horizontale. (Pl. 1.)

Cette courbure, qui indique dans quel sens la lettre a été tracée, a de plus la propriété de donner au même signe une direction alternativement ascendante ou descendante, ou de suppléer la sécante. Le premier avantage de ce moyen est de régulariser l'écriture et de corriger la déformation.

C'est par cette raison que la ligne la plus facile, et la seule qu'on ait la faculté de tracer en montant ou en descendant, se trouve adaptée aux lettres les plus fréquentes, aux *palales* et aux *dentales*.

Ainsi, T, D, tracés en descendant, figurés par la ligne oblique, peuvent se former en montant, en les commençant par une courbure; et L, R, qui se distinguent de T, D, par la direction ascendante, se tracent en descendant, commencés par une courbure. (Pl. 1.)

Cette courbure, qui ne peut se joindre qu'aux lettres isolées ou initiales, est supprimée dans les autres cas, et se trouve suppléée soit par la direction du trait, soit par une petite barre ou sécante : il est clair qu'il faut préférer la forme simple quand elle est praticable par la direction. (Pl. 1.)

De la sécante.

La propriété de la sécante est, comme on l'a dit, de suppléer la courbure initiale, de renverser la direction du trait oblique à gauche et les courbures du cercle.

Sans ce moyen, l'on ne pourrait lier deux lettres descendantes ou ascendantes formées dans le même sens, comme dans les mots *parler*, *perle*, *Charles*, etc., (Pl. 2.) où la palatale *l* doit être tracée en descendant et marquée de la sécante qui lui donne sa véritable valeur.

La sécante n'étant de rigueur que lorsque plusieurs palatales se rencontrent dans les liaisons intermédiaires, ou lorsque le contour est forcé, soit enfin lorsque plus de trois lettres descendantes ou ascendantes déplacent ou déforment le monogramme, l'on ne fait guère usage de ce moyen que dans les mots les plus composés (qui se prêtent par conséquent aux abréviations); les cas où l'on doit l'employer sont donc rares, et l'on écrit le plus souvent plusieurs lignes sans en avoir besoin (1). (Pl. I, *Usage de la sécante.*)

Il faut toujours, dans les liaisons, prendre le contour le plus facile : ainsi, il arrive des cas où l'on donne au signe *m* la forme du *n* et réciproquement ; les lettres similaires Q et *Gue* se prêtent également leurs contours. La sécante rend à la lettre renversée sa véritable acception. (*Voir*, Pl. II, les mots *planète*, *harmonie*, *garder*, *fournir.*)

Liaison des lettres.

Les signes des consonnes se lient sans traits parasites ; l'on doit former, sans interrompre la chaîne, toutes les lettres du mot, et tracer les signes de manière à aligner le monogramme en lui donnant une figure régulière.

Le point essentiel du régime d'écriture sténographique est d'envisager l'union des signes qui

(1) Dans plusieurs méthodes, et surtout dans les améliorations prétendues faites à ma Sténographie, certains abréviateurs ont abusé de ce moyen, au point de surcharger toutes les consonnes faibles de la sécante, et les voyelles nazales du point ou d'autres signes.

composent le mot, et non séparément les lettres ou syllabes.

Les consonnes formées du cercle doivent avoir une proportion quatre fois plus grande que les mêmes signes appropriés aux voyelles. (Pl. I.)

Toutes les lettres de la Sténographie se composent de la ligne droite descendante ou ascendante, de la ligne horizontale et des parties du cercle; d'où résultent trois manières d'unir les signes des consonnes aux voyelles; le paradigme de la combinaison des lettres sténographiques est donc borné à un petit nombre de figures, variées par l'inclinaison, la forme et la proportion.

L'on peut encore considérer les consonnes, d'après leur direction, en *verticales* et en *horizontales*; ce mode, le plus simple, est celui que nous avons adopté. (Pl. I, *Syllabes.*)

Les voyelles se combinant de la même manière avec la perpendiculaire et les deux obliques, il est superflu de multiplier les exemples.

De l'Aspiration.

Le *h* non aspiré ne s'exprime point dans la Sténographie, qui rejette toute lettre inutile à la prononciation.

Le *h* aspiré, sorte de gutturale, fait une classe à part dans l'alphabet des consonnes ; il ne peut, comme celles-ci, se prononcer d'un seule émission de voix avec les *liquides* ou les lettres *soutenues*, comme dans les articulations *bl*, *br*, *pr*, *cl*, *cr*, *gl*, *st*, *sp*, etc. ; il frappe toujours sur une voyelle à laquelle il donne une intensité particulière. Cette lettre, ne pouvant s'articuler sans le concours de la voyelle, est donc une véritable consonne, quelle que soit l'opinion de certains grammairiens.

Le *h* aspiré sera exprimé par un petit trait oblique à gauche, tracé en formé d'accènt (′) au-dessus ou au-dessous de la voyelle précédée de l'aspiration. Exemples : dans les mots *hache*, *héros*, *houblon*, etc., les voyelles *a*, *é*, *ou*, seront marquées de ce trait. (Pl. II.)

VOYELLES

La voyelle est un son simple, indivisible, prolongé et soutenu sans mélange d'aucun autre son qui puisse l'altérer : il y a donc autant de voyelles que de sons simples.

La Sténographie française en admet *onze* qui peuvent être modifiées par l'ouverture de la bouche, l'émission de la voix et le prolongement du son. (Voyez *Prosodie.*)

Les voyelles sont figurées par le trait horizontal et vertical, le cercle et ses quatre parties. Ces signes se tracent dans une proportion très-petite et quatre fois moindre que celle des consonnes dont les voyelles empruntent la forme. Elles ne doivent donc occuper que la moitié de l'intervalle du corps moyen de l'écriture renfermé entre les deux parallèles qui le déterminent. (Pl. I.)

Elles s'appellent, d'après l'analogie des sons et de leurs signes, dans l'ordre suivant : *é*, *o*, *on*, *a*, *an*, *i*, *in*, *u*, *un*, *ou*, *eu*.

Les voyelles *nasales*, ainsi nommées, parce que le son qu'elles rendent se concentre dans le *nez*, exprimées imparfaitement dans l'écriture usuelle, sont des intonations simples formées d'une seule émission de voix. Ces voyelles, étrangères à plusieurs langues, sont fréquentes en français.

De même que les consonnes ont leurs *similaires*, les voyelles ont leurs *relatives*. Ainsi, en ajoutant dans l'écriture usuelle, la consonne *n* aux lettres vocales *a*, *o*, *i*, *u*, l'on a formé leurs analogues *an*, *on*, *in*, *un* (1).

Une consonne entrant contre la raison dans l'expression des sons *simples*, cette imperfection est rejetée par le sténographe, qui indique l'intonation nasale, soit par la position supérieure du signe de la voyelle analogue, soit par la proportion et une modification facile de la boucle, dans la liaison des voyelles nasales ; modification qui rappelle leur correspondance avec les voyelles pures dont elles sont relatives.

En envisageant les voyelles dans deux positions, savoir, comme *détachées* et comme *liées*, l'on obtient les résultats les plus favorables aux différentes variations qu'elles peuvent présenter entre elles et avec les consonnes. Ainsi, l'on verra que le signe

---

(1) Les deux dernières intonations ont, il est vrai, beaucoup moins de rapport avec *i* et *u*, (ou *é* et *eu*), que *an* et *on* n'en offrent avec *a* et *o*.

primitif seul peut exprimer toutes les combinaisons possibles de deux et trois sons de voyelles immédiates.

1°. *Voyelles détachées.*

Elles peuvent se tracer dans cinq positions bien distinctes.

1°. En ligne d'écriture, pour exprimer les voyelles *pures*.

2°. A distance au-dessus, elles deviennent *nasales*; ainsi, *o*, *a*, *i*, *u* sonneront, dans cette position : *on*, *an*, *in*, *un*.

3°. Au-dessous d'une consonne, toute voyelle est précédée d'un *i* et devient diphthongue. Ainsi, *é*, *o*, *a*, *i*, *u*, *ou*, *eu* auront le double son, *ié*, *io*, *ia*, *ii*, *iu*, *iou*, *ieu*. (Pl. I.)

Exemples : *Fiel*, *violon*, *Louisiane*, *pieuse*, *etc.* (Pl. II.)

4°. Au-dessus d'une lettre (voyelle ou consonne), toute voyelle est suivie d'un *i*. Ainsi, *é*, *o*, *a*, *i*, *u*, *ou*, *eu* se changeront en *éi*, *oï*, *aï*, *ui*, *oui*, *eui*, comme dans *déité*, *paysan*, *noyer*, *nayade*, *essuyer*, *aïeux*, etc. (Pl. II.)

5°. Au-dessous d'une voyelle, dans la composition du mot, pour indiquer toutes les combinaisons possibles de deux sons de voyelles dont on détache la première.

Exemples : *agréable*, *variable*, *cahoter*, *Théorie*, *déesse*, *étoile*, *lieux*, *science*, *lui*, *réuni*, *réussi*, *fainéant*, etc. (Pl. II.)

2°. *Voyelles liées.*

Les formes des voyelles prises de la ligne droite, ne pouvant, dans la liaison, se distinguer des consonnes qui se tracent dans la même direction, le cercle et ses parties sont les seuls signes qui puissent convenir aux voyelles, destinées à former articulation avec les consonnes.

Dans la composition du monogramme, la liaison de plusieurs voyelles entre elles est le plus souvent incompatible. Le sténographe ne doit lier que la voyelle qui précède ou qui suit la consonne, avec laquelle elle se trace presque toujours d'un seul jet; en sorte que le plus souvent le nombre des mouvemens se compte par celui des consonnes, et que l'expression des voyelles ne coûte rien à la vitesse. Exemples : *calmé*, *balance*, *boussole*, *toujours*, etc. (Pl. II), ne se traceraient pas plus rapidement en retranchant toutes les voyelles.

Les voyelles conservent dans la liaison la forme

qui leur a été donnée, toutes les fois qu'elle est praticable (1).

Les cinq voyelles *a*, *i*, *u*, *ou*, *eu*, sont invariables; parce que leur figure, toujours distincte, ne peut se déguiser dans la ligature.

Les voyelles variables, dans la liaison seulement,

---

(1) Les abréviateurs qui, pour simplifier la théorie de la Sténographie, n'ont voulu donner aux consonnes qu'une seule forme ou une seule direction, et aux voyelles également un signe invariable dans toute position, n'ont pu y parvenir que par des imperfections qui on jeté une grande défaveur sur cet art, savoir :

1°. En renonçant à l'avantage de représenter les mots par l'union des lettres qui les composent, en les coupant par syllabes, comme le pratiquent les méthodes dénommées *Tachygraphie, Okygraphie, Notographie*, etc., inconvenient qui ralentit l'écriture.

2°. En retranchant les voyelles initiales, médiales ou une partie des consonnes, afin de pouvoir tracer des monogrammes plus simples, plus rapides et plus réguliers; moyens pratiqués dans la *Sténographie de Taylor*, adaptée à la langue française par *MM. Bertin* et *Grosselin*, et dans la *Graphodromie*. Cette omission rend l'écriture illisible, quand on écrit sur des sujets peu familiers, et oblige de recourir au *vocabulaire* des nombreux synonymes produits par la suppression des voyelles.

3°. En jetant de la confusion dans les signes par un choix de caractères mal adaptés; en donnant les formes les plus simples sont *é*, *o* qui tirent leurs signes de la ligne droite, et les voyelles nasales *on*, *an*, *in*, *un* qu'on ne peut plus exprimer par la position à distance.

É. — Ne change de forme que lorsqu'il est lié à la ligne horizontale avec laquelle il se confondrait, il est dans ce cas seulement exprimé par une

---

aux lettres les moins fréquentes ; en liant des contours forcés contraires aux habitudes de la main, et impraticables dans la vitesse. (Voyez *Expéditive*, *Typographie*, *Échographie*, etc.)

4°. En chargeant toutes les consonnes faibles de traits supplétifs qui leur donnent leur véritable articulation, et les voyelles nasales du point, pour les distinguer des voyelles *pures* avec lesquelles elles n'ont que peu d'analogie, exprimant ainsi un son simple par deux signes dont le tracé coûte trois mouvemens, et une partie des consonnes également par plusieurs mouvemens ; en faisant trancher, dans la liaison, les voyelles comme les consonnes, dont elles ne diffèrent que par une proportion qui n'est pas toujours assez saillante dans l'écriture cursive, et qui d'ailleurs ralentit la vitesse ; en déformant les monogrammes composés de lettres descendantes ou des lignes courbes, etc., etc.

Il est certes avantageux de présenter des théories simples, fondées sur des principes généraux et peu nombreux ; mais l'expérience dément souvent les *méthodes :* les arts trouvés par le besoin et l'industrie existent avant les règles établies par les hommes, comme ils ont parlé avant que d'avoir des grammaires.

petite courbure contournée au-dessous de cette ligne.

Exemples : *essai*, *cessé*, *pêcher*. (Pl. II.)

La voyelle *é* étant inséparable de l'articulation des consonnes, il est beaucoup plus rapide de la supprimer entre deux de ces lettres, et dans les mots les plus usités ; mais on l'exprimera au commencement, à la fin et quand elle est accompagnée d'autres voyelles, comme dans les mots *épié*, *piété*, *diète*, *déesse*, etc. L'*é* sera également exprimé dans les noms propres, les mots peu connus, et quand il facilite la liaison.

O. — Dans la liaison, rejette toujours le trait vertical qui se confondrait avec les lettres tracées dans sa direction. Il est remplacé par une petite boucle contournée à droite des lignes descendantes ou ascendantes et des courbes verticales, au-dessous de la ligne horizontale et des courbes horizontales. (Pl. I.)

ON. — Voyelle relative d'*o*, est exprimée par la même boucle, distinguée par une proportion ostensiblement plus grande.

A. — Formé comme l'*o* d'une boucle contournée dans le sens opposé, c'est-à-dire, à gauche des lettres verticales (lignes droites, obliques et courbes, formées en descendant ou en montant) et au-dessus des horizontales (ligne horizontale et courbes tracées de gauche à droite.)

AN. — Exprimé comme sa relative *a;* la boucle dans une plus grande proportion.

La boucle est toujours vue liée à la consonne qui la précède ; car dans l'union d'une lettre ascendante avec une descendante, elle se trouve contournée en même temps à gauche d'une ligne et à droite de l'autre; comme dans le mot *rave.*

I. — Commençant la liaison présente toujours la même forme ; précédé de consonnes, il se contourne à droite des lignes formées dans la direction descendante ou ascendante, au-dessus des horizontales, et en dehors des courbes horizontales.

Il se contourne d'un seul jet au-dessus de la ligne horizontale dont il est précédé, pour suivre le même mode de liaison avec la perpendiculaire et les obliques. Car, si par une fausse analogie l'on faisait trancher la liaison au-dessous, il se confondrait avec le signe de la voyelle *ou* dans l'union d'une lettre ascendante, comme dans les mots *sire* et *sourd*, *mille* et *moule* qu'on écrirait de la même manière. (Pl. II.)

IN. — En ajoutant le signe de l'*i* à la boucle (qui dans la liaison sert à caractériser la voix nasale), l'on exprimera le son *in*, considéré comme relatif d'*i*.

La courbure tracée dans la plus petite proportion, doit se contourner dans le sens le plus favorable à la liaison.

Au commencement des mots, cette courbure précède la boucle qu'elle termine dans les autres cas. Exemples : *instinct*, *incertain*, *intestins*, etc. (Pl. II.)

U. — Est invariable : il se contourne à droite des lignes verticales, obliques, ou courbes descendantes, au-dessus des horizontales et en dehors des courbes horizontales.

UN. — Formé de la boucle et du contour de l'*u*, sa voyelle relative. L'on commence par la courbure dans les liaisons initiales, et par la boucle dans les autres cas.

Un, la moins euphonique des voyelles, est souvent changée en *in* par les étrangers. L'oreille est en effet frappée de la correspondance des sons *in* et *un*. Cette analogie nous permet d'emprunter au besoin le contour le plus facile que nous retablissons par le point, d'après la propriété que nous lui avons donnée de renverser le contour des voyelles ; comme on va le voir ci-après. Exemples :

défunt, *parfum*, *humble*, *emprunter*, etc. (Pl. I et II.)

OU. — Initiale, cette voyelle est susceptible de se déguiser, suivie du trait ascendant ou de la courbe figurant la lettre *n*. Elle présente alors la déformation de l'*i*. Cette imperfection se rectifie, comme on le verra, en donnant à la voyelle *ou* la forme de l'*u*, marqué du point. Exemples : *ours*, *houle*, *houlette*, *housse*, etc. (Pl. II.) Dans tous les autres cas, la voyelle *ou* conserve la figure qui lui est propre.

Elle se contourne à gauche des lignes droites et des courbes verticales, au-dessous des horizontales et en dedans des courbes horizontales.

EU. — S'exprime par le signe qui lui est approprié; précédée du trait ascendant ou de la ligne horizontale, cette voyelle peut se terminer en montant ou en descendant, comme dans les mots *heureux*, *fâcheux*, *valeureux*, *empereur*, *dangereux*, etc. (Pl. II.)

Ces procédés nous démontrent que l'on peut exprimer, dans toute position, les onze voyelles simples : le moyen suivant a pour but d'en faciliter et accélérer la liaison.

Du point qui change l'acception de la voyelle.

L'on est presque toujours libre de contourner dans le sens déterminé la boucle ou les courbures appropriées aux voyelles, quand elles commencent ou terminent le mot ; mais, si dans les liaisons médiales, la forme du signe est forcée et contrarie la vitesse, l'on prend le contour analogue le plus facile, et l'on marque, dans ce cas, la boucle ou la courbure d'un point tracé au-dessus ou au-dessous, pour indiquer qu'on a changé l'acception première de la voyelle. Alors, la boucle désignant *a* ou *an*, pourra figurer *o* ou *on*, et réciproquement. Exemples : *forme*, *poli*, *charme*, *Rome*, *sombre*, *vendre*, etc. (Pl. II.)

Le contour de l'*i*, surtout devant la ligne horizontale, empruntera celui de l'*é*, et réciproquement. Exemples : *silence*, *physique*, *dissipé*, *paresse*, etc.

La courbure de l'*u* suppléera celle de la voyelle *ou*, et réciproquement. Exemples : *douter*, *poupe*, *bulletin*, *reculer*, etc.

Le son *in* se changera en *un*, et réciproquement. Exemples : *humble*, *emprunter*. (Pl. II.)

Dans les cas où les signes des voyelles *ou*, *u*, *eu*

se lient difficilement, ou d'une manière peu distincte, on les désignera par le point, tracé au-dessous de la consonne qui précède, pour exprimer les voyelles analogues *u* et *eu*, et au-dessus pour le son *ou*. Exemples : *éprouvé*, *épreuve*, *nouvelle*, *gouverner*, *occupé*, etc. (Pl. II.)

Le point tracé à droite de la boucle en change le contour, et lui donne la voix nasale, comme dans les mots, *tromper*, *ronce*, etc. (Pl. II.)

Deux points au-dessus ou au-dessous d'une voyelle indiquent que celle qui précède immédiatement doit en être aussi marquée. Exemples : *volonté*, *éloquence*, etc. (Pl. II.)

Toutes les fois que les liaisons sont aisées, en conservant aux voyelles leurs signes propres, l'on se dispensera de ce moyen auxiliaire, qui a pour but d'accélérer et de faciliter le tracé des voyelles d'un seul jet avec les consonnes ; car, en faisant trancher les voyelles comme les consonnes, l'on pourrait les confondre avec celles-ci dans la déformation, le plus souvent inséparable de la vitesse.

Quand on doit changer dans le même mot une voyelle et une consonne, il faut préférer la régularité de cette dernière lettre, la lecture en devient plus facile.

L'on négligera de modifier les voyelles par le point, lorsque le mot interprété tel qu'il est écrit, n'offrant aucun sens dans le discours, il faut nécessairement recourir à l'autre acception.

Le point, comme signe modificatif des voyelles, en régularise le contour, et en détermine rigoureusement la valeur. (Voy. *Rég. d'écrit.*)

Diphthongues.

La liaison des voyelles immédiates est le plus souvent impraticable ; deux boucles, par exemple, la rendent impossible.

La règle générale prescrit de détacher, dans toute rencontre de voyelles, le signe de la première que l'on trace au-dessous de la seconde, toujours liée à la consonne qui précède. (Voyez les mots dejà cités page 39 et planche II, *agréable*, *variable*, etc.)

Dans les mots et les phrases où il n'y a que des voyelles, comme *aïeux*, *août*, *ayez*, *y en a eu*, etc., l'on pourra lier deux et trois sons de voyelles, tracés en ligne d'écriture. (Pl. I.)

Quand la voyelle *i* entrera dans le concours de trois sons de voyelles, l'on observera le moyen indiqué à l'article des triphthongues.

Triphthongues.

En français, les combinaisons de trois et quatre sons de voyelles se forment des diphthongues précédées ou suivies de la voyelle *i*, lesquelles se prononcent avec une émission facile, comme dans les mots *faïence*, *pléiades*, *rayé*, *royauté*, *voyant*, *employé*, *ennuyé*, *fuyard*, *ayant*, etc. (Pl. II.)

L'on exprimera ces différens sons par la règle qui suit :

Tout signe de voyelle tracé au-dessous d'une consonne est précedé d'un i, et il en est suivi, quand il est tracé au-dessus d'une lettre. (voyelle ou consonne.)

Ainsi, dans le premier cas, les voyelles
é, *o*, *a*, *i*, *u*, *ou*, *eu*,
sonneront : *ié*, *io*, *ia*, *ï*, *iu*, *iou*, *ieu*;

Et, dans l'autre, les mêmes voyelles sonneront :

éi, *oï*, *aï*, *ii*, *ui*, *oui*, *eui*. (Pl. I et II.)

L'on ne doit faire usage de ce moyen que dans les liaisons médiales, et surtout lorsqu'il y a trois sons de voyelles.

4

Régime d'écriture.

L'écriture sténographique se compose, comme on l'a vu, de neuf signes simples, réguliers, reproduits à nos yeux par tous les corps et devenus familiers à tous les hommes.

L'on ne peut donc appliquer à aucun système d'écriture des signes plus expéditifs et plus faciles. Le rapport de 4 à 1 qui distingue les consonnes des voyelles est saillant à tous les regards. (1)

La Sténographie exacte, exprimant fidèlement tous les sons et les articulations d'une manière toujours conforme à la langue parlée, est donc plus lisible que l'écriture usuelle, qui a fait une

---

(1) Nous recommandons un traité qui va paraître incessamment sous le titre de *Manuel du Sténographe*, etc.

L'auteur (*M. Mialle*) s'y est proposé de conduire l'élève graduellement et sans effort, depuis l'alphabet et le monosyllabe jusqu'au mot le plus composé.

Cet ouvrage, qui a déjà obtenu des suffrages honorables, présentant dans l'ordre le plus méthodique et dans les exemples les mieux choisis, l'analyse et la formation des mots, doit faciliter le régime d'écriture, principale difficulté de toute sténographie, et devient ainsi également utile à tous les praticiens des divers procédés abréviatifs.

science de l'*orthographe*, et un art difficile de l'écriture.

Quand plusieurs consonnes descendantes se suivent immédiatement, et présentent déformation, l'on prend le trait ascendant, marqué de la sécante, comme dans les mots *captivité*, *didactique*, *fondamental*, *béatitude*, *pathétique*, etc. (Pl. II), qu'il serait trop irrégulier d'écrire sans le moyen qui rétablit l'alignement.

Les lettres *l*, *r* isolées se distinguent par la courbure de *t*, *d*, toujours figurées dans cette position par la ligne oblique descendante. (Pl. I).

Cette courbure ne se joint aux dentales, pour leur donner une direction ascendante, que dans les liaisons initiales.

Dans les monosyllabes, où la direction de la ligne oblique ne peut se distinguer, il faut toujours interpréter le signe tracé en descendant; on le barre pour désigner la direction opposée, quand on ne peut employer la courbure. Exemples : *or*, *art*, *loi*, *rue*, *rare*, etc. (Pl. II).

Lorsque les syllabes initiales ou finales exprimées par des liaisons sténographiques n'existent pas en français, ou ne présentent aucun sens dans le mot, il devient superflu de marquer la sécante ; comme dans les syllabes *alm*, *inl*, *inr*, *nal*, etc., qu'on interprétera en renversant la direction ou le contour de la consonne, c'est-à-dire, *atm*, *int*, *ind*, *mal*, sans qu'il soit nécessaire de l'indiquer par la sécante (1). Comme dans les mots *améliorer*, *indépendant*, *peindre*, etc. (Pl. II.)

Les voyelles médiales étant caractérisées non-seulement par la forme, mais encore par leur position relative à la consonne qui précède, il devient inutile de les faire trancher d'une manière minutieuse; ainsi l'*i*, par exemple, qui se contourne à droite des lignes descendantes ou ascendantes, se forme d'un seul jet avec la lettre horizontale ou oblique, comme dans les mots *liste*, *rive*, etc., Pl. II, où l'*i* est fondu avec l'*s* et le *v*.

Ce moyen, qui constitue principalement la vitesse, et qui donne toujours la faculté de tracer la consonne dans la direction descendante ou ascendante, se pratique en préférant, dans le choix des deux voyelles qui se prêtent leurs contours, le signe le plus rapide et le plus favorable à la liaison. L'on rétablit le véritable son par le point.

Les Planches VI et VII présentent l'effet de l'écriture sténographique; régulière et facile, elle

---

(1) Dans l'écriture usuelle, si l'on néglige de barrer le *t*, l'on a tracé un *l* : cette omission ne peut arrêter dans la lecture.

s'aligne naturellement : voyelles, prosodie, ponctuation, etc., tout concourt à rendre cette méthode lisible, exacte et rapide.

La Planche VI est écrite sans abréviations ; l'on a fait, dans la VIIe. Pl., l'application d'une partie de celles indiquées dans le traité. (Voir la traduction de ces planches, *page* 79.

Liaison de mots.

L'on peut lier les mots les moins composés qui ne peuvent s'abréger, surtout ceux que la raison associe, et dont les signes s'enlacent et s'alignent facilement.

Exemples : *Homme modéré, âme vertueuse, douce, roi sage, loi sévère*, etc.

L'on ne doit pas faire élision de voyelles dans la ligature : cette omission rendrait la lecture trop difficile. Au commencement, le sténographe ne doit écrire que par mots ; l'habitude et le coup d'œil lui apprendront quand il en doit lier plusieurs.

Prosodie.

La Sténographie n'admet, en français, que deux modifications de voyelles.

1°. Les voyelles *longues* et *ouvertes*, comme dans le son *é* exprimé souvent par les trois lettres *ois*, *ais*. Par exemple, dans les temps du *conditionnel* distingué du *futur* par l'addition de l'*s*, qui prolonge le son *ai* en *ais*, comme dans j'*aimais*, j'*aimerais*, etc., qu'on ne pourra confondre avec j'*aimai*, j'*aimerai*, etc.

Toutes les voyelles pures sont également susceptibles de cette intonation. Dans les mots *mâle*, *blême*, *dîme*, *dôme*, *voûte*, *fûtes*, *eûmes*, etc., les voyelles *a*, *é*, *i*, *o*, *ou*, *u*, *eu*, marquées de l'accent circonflexe, sont *longues* et *ouvertes*.

Cette prononciation sera indiquée par l'accent grave de l'écriture usuelle, tracé sur la voyelle. (Pl. II.)

2°. Les voyelles prolongées par l'*e* muet final, comme dans les noms de femme, *Julie*, *Servilie*, les participes féminins *aimée*, *reçue*, *flétrie*, etc., et dans certains noms *Borée*, *dragée*, *boue*, *nue*, etc. Ce prolongement de la voyelle sera indiqué par le même accent grave tracé au-dessous de cette lettre. (Pl. II.)

Ponctuation.

La ponctuation sténographique est bornée à trois signes, tracés à distance au-dessous de la ligne d'écriture, dans la proportion des voyelles.

La différence du repos des deux points et du point

et virgule est si peu sensible, qu'elle n'est pas appréciée par le sténographe, qui leur donne un signe commun. Il en est de même des points d'interrogation et d'exclamation, que l'expression et le sens dispensent de spécifier, et qui s'indiquent par le repos du point. (Pl. II.) La ponctuation aidant à la lecture, il ne faut pas la négliger.

Les signes suivans doivent se tracer sur la ligne :

Changement d'interlocuteur	=
Guillemets	»
Et cætera.	. .

Mots comparés.

Exemples de mots écrits sans réduction en Sténographie exacte, et comparés principalement aux différens procédés empruntés de cette méthode.

Attitude, attentatoire, aptitude, avidité, pitoyable, petitesse, perfectibilité, contumace, député, détestable, défectuosité, adoptif, épileptique, dédicatoire, décadence, décagone, détermination, débilement, détestable, démonstratif, dénominateur, dépendance, débordement, despotiquement, détenteur, détonation, développement, dévêtissement, dévotement, dialectique, diamétralement, didactique, dictateur, diététique, diffamatoire, difficulté, dilapidation, dilatabilité, diminution, dioptrique, diphthongue, diplomatique, disciplinable, disconvenance, dispendieux, dispositif, dissemblable, distributif, divinité, diversifier, divisibilité, doctement, dogmatiquement, domesticité, duplicité, duplicature, distinctif, dynamique, diptiques, bibliothéque, bondissement, boutade, boutique, buffle, butiner, cataleptique, capitaine, captivité, chasteté, catholicité, cavalcadour, clandestin, conjectural, contentement, convoitise, cotylédon, flegmatique, fictive, fidélité, fluctuation, fondamental, forfaiture, inattentif, individualité, impudiquement, incommodité, inadmissibilité, indéfectible, indépendant, infatigable, indéfini, interminable, invective, inventif, manifestement, mandataire, manufacture, manuscrit, immédiatement, médicamenteux, médiocrité, méditatif, méphitique, métamorphose, métaphysique, méthodique, momentané, munificence, mutabilité, testamentaire, testimonial, respectable, typographique, vêtement, victime, victorieusement, volubilité, volumineux, voluptueusement, vomitif, épouvantable, communauté, communicatif, nomenclature, plénipotentiaire, pectoral, spéculatif, polypétale, polygamie, platitude, pudicité, putatif, putréfaction, pusillanimité, stupidité, statistique, spontanéité, stathouder, stupidité, styptique, subdiviser, substance, substitution, subitement, subvenir, symétriquement, etc., etc.

Il faudrait un dictionnaire, si l'on voulait citer tous les monogrammes défectueux de la plupart de ces méthodes.

Chiffres sténographiques.

A l'exemple de plusieurs peuples. le sténographe se sert des signes des lettres pour figurer les chiffres, qu'il distingue en les soulignant. (Pl. I.)

Les caractères numériques ne doivent avoir qu'une proportion, attendu qu'on ne peut s'aider, comme dans l'écriture, de l'analogie des lettres et des idées ; ils se lient comme les lettres.

Dans la liaison, la ligne oblique désignant **3**, se trace en descendant, et le chiffre 4, abandonnant la courbure, se distingue de **3** par la direction ascendante. Exemples : 34—43. (Pl. I.)

Des caractères appropriés aux nombres, *cent*, *mille*, *million* dispensent de faire le calcul qu'exige l'énonciation d'un nombre plus ou moins composé. Exemples : 300,000—4,000,025, etc.

L'on répète le chiffre en le barrant d'une ligne droite. Exemples : 11—22—55, etc.

Le zéro ne pouvant se lier qu'à la fin des nombres, l'on décuple encore un chiffre en le barrant d'une petite courbe. Exemples : 40—60—50,200—30,000, etc. (Pl. I.) On sépare les chiffres dans les opérations d'arithmétique.

Dans les nombres fractionnaires, le dénominateur s'écrit au-dessous du numérateur.

Les quantités décimales se distinguent des nombres entiers par la virgule, comme dans le mode usité.

Le nombre *radical* se change en nombre *ordinal* par le point tracé au-dessus. Exemples : *premier*, *dixième*, etc. (Pl. I.)

Le point au-dessous du nombre radical le change en nombre *multiplicatif*. Exemples : *triple*, *décuple*, etc., s'écriront : *trois*, *dix*. (Pl. I.)

Chiffres ordinaires.

En conservant les chiffres qui nous viennent des Arabes, l'on se servira de signes particuliers, pour faciliter l'énonciation des nombres les plus composés.

Ces signes abrégeront les nombres *cent*, *mille*, *cent mille*, *million*, *billion*. (Voir les signes Pl. I.) Exemples : 3,500,000—45000—900—5,000,600,000, etc.

FIN DE LA STÉNOGRAPHIE EXACTE.

STÉNOGRAPHIE,

OU

L'ART D'ÉCRIRE

AUSSSI VITE QUE PARLE UN ORATEUR.

STÉNOGRAPHIE CURSIVE.

ABRÉVIATIONS.

L'on pourrait à la rigueur se dispenser d'abréviations dans une écriture aussi simple et aussi rapide que la Sténographie ; cependant, il est avantageux de réduire, par des moyens généraux et méthodiques, les mots les plus composés et ceux qui, d'après le principe de la formation des langues, doivent se représenter le plus souvent. Ces mots portent avec eux les élémens de leur composition, par un arrangement de syllabes initiales et finales qui n'a pu être ordonné par l'arbitraire.

Les moyens abréviatifs doivent être simples, mécaniques et à la portée de toute personne versée dans la connaissance indispensable des premiers élémens de sa langue ; autrement, ils perdraient une partie de leurs avantages.

Les abréviations se divisent en abréviations *générales*, *initiales* et *finales*.

1°. ABRÉVIATIONS GÉNÉRALES.

Elles portent sur les mots les plus répétés tels que les *articles*, les *pronoms*, les *verbes*, les *adverbes de comparaison*, etc. Elles sont dites *générales*, parce qu'elles conviennent également à toutes les langues, lorsqu'elles sont adaptées suivant leur génie.

De l'article et des cas.

L'article sera abrégé au singulier par le *point*, et au pluriel par la *virgule*.

Ces deux signes prendront en français trois positions relativement au nom qu'ils précèdent. (Pl. III.)

1°. Sur la ligne d'écriture, pour le *nominatif* ;

2°. A la tête du nom, pour le *génitif* ;

3°. Au pied, pour le *datif*.

Ces trois cas suffisent à notre langue. Dans celles

qui déclinent, l'*accusatif* et l'*ablatif* seront désignés par les mêmes signes tracés au-dessus et au-dessous des noms et des mots déclinables.

Un, sorte d'article, sera exprimé, pour tous les genres, par le signe de la voyelle nasale *un*, porté à distance de la ligne d'écriture.

Pronoms de troisième personne.

Les signes de l'article désignent encore l'abréviation des pronoms de troisième personne *il*, *elle*, *ils*, *elles*, tracés au-dessous de la ligne d'écriture pour le féminin. (Pl. III.)

Il ne peut résulter de ce double emploi la moindre hésitation dans la lecture ; puisque l'article est toujours suivi du nom qu'il détermine, et que le pronom précède le verbe.

Du genre et du nombre.

Le genre et le nombre de l'adjectif, toujours désignés par le nom auquel ils se rapportent, s'exprimeront invariablement au masculin singulier. Ainsi, l'on écrira : *un vertueux* et *prudent* mère, *un* délicatesse *exquis*, *un* âme *bienfaisant*, *un* voix *éloquent*, etc.

Du verbe.

Le *verbe* mérite, par l'importance de ses fonctions et la variété de ses formes, toute l'attention des abréviateurs.

Comme la plupart des langues conjuguent avec des verbes *auxiliaires*, et qu'ils servent à former les temps *composés*, l'on s'attachera à réduire principalement les verbes *être* et *avoir*, qui sont la base des conjugaisons de la langue française.

Il est aussi beaucoup plus simple de n'envisager dans les temps composés, que la forme de ces deux auxiliaires ; puisque ce moyen réduit le nombre des temps, et simplifie le système des conjugaisons.

Les mêmes procédés abréviatifs qui leur sont appliqués peuvent s'étendre sans exception à tous les autres verbes, à leurs temps, à leurs modes, et en général à toutes les formes et variations dont ils sont susceptibles.

Les signes sténographiques, tracés dans la proportion des accens, serviront à la réduction des temps des verbes ; ces caractères, qui s'écrivent au-dessus et au-dessous des lettres pronominales, ne peuvent ainsi se confondre avec les lettres.

Nous remarquerons qu'il n'y a en français que

dix temps simples et *neuf* temps composés ; que ceux-ci se forment des premiers et du participe passif ; que par conséquent, en liant le signe abréviatif des participes *été* et *eu* à ceux des temps simples, l'on exprime tous les composés ; qu'ainsi *onze* signes suffisent pour tous les temps de la langue française.

Les temps se divisent donc en *simples* et en *composés*. (Pl. III.)

Les signes abréviatifs des temps simples du verbe *être* se tracent au-dessous du pronom ou du mot qui précède, et ils annoncent toujours la présence de ce verbe, sans qu'il soit nécessaire de l'exprimer autrement que par le signe accessoire : ceux du verbe *avoir* s'écrivent au-dessus. (Voyez *Abréviation des pronoms personnels*.)

Dans la réduction des temps simples des autres verbes, les signes abréviatifs se tracent au-dessus du radical, c'est-à-dire du verbe dans sa forme la plus simple (1).

Exemples : Nous *aimerions*, vous *justifierez*, etc. (Pl. III.)

---

(1) Et au-dessous pour le passif, dans les langues qui conjuguent cette sorte de verbes sans auxiliaires.

Dans les temps composés, l'on n'envisage que l'abréviation du verbe auxiliaire : ainsi, dans les formes, *nous aurions aimé*, *vous serez aimés*, etc., l'on n'abrége que *nous aurions* et *vous serez*. (Pl. III.)

La position des signes abréviatifs des temps composés devient indifférente, puisque ces signes sont liés à l'abréviation des participes *été* ou *eu*.

L'on voit que le participe *été* est abrégé par un trait oblique à gauche ascendant ou descendant, et le participe *eu*, par une légère courbure ajoutée au signe du temps, et toujours contournée dans le sens le plus facile et le plus rapide à tracer. Exemples : *Nous avons eu*, *nous avions eu*, etc. (Pl. III.)

Négation.

Le zéro lié à la fin des signes abréviatifs des temps indique la négation *ne pas* ou *ne point*. Exemples : *Nous n'avons point*, *nous n'avons pas été*, etc. (Pl. III.)

Lié au commencement du signe abréviatif du temps, le zéro exprime une forme conditionnelle. Exemples : *Je ne suis que*, *nous n'aurions été que*, etc. (Pl. III.)

Quand on veut abréger la négation sans avoir

égard au temps, l'on trace le zéro au-dessous du verbe que l'on écrit par conséquent à l'affirmatif.

Interrogation.

Dans la forme interrogative, l'on suit l'ordre des mots, c'est-à-dire que l'on exprime d'abord le temps, ensuite le pronom auquel on lie le signe du participe *été* ou *eu*, et la négation.

Exemples : *Avez-vous été? n'aura-t-il pas eu?* etc. (Pl. III.) L'on doit interpréter le signe simple le premier.

Comme l'on ne pourrait, dans les temps simples, distinguer l'interrogation de l'affirmation, il faut ajouter un point au signe du temps ou du pronom. Exemples : *Sommes-nous? aurons-nous?* etc. (Pl. III.)

Ce moyen est rejeté dans les temps composés ou dans la forme négative, attendu que la liaison du signe du participe ou de la négation à la lettre pronominale désigne clairement l'interrogation.

Exemples : *Avez-vous été? n'aura-t-il pas eu?* etc. (Pl. III.)

Le pronom de troisième personne ne pouvant, dans l'interrogation, s'abréger par le point ou la virgule qui rejettent toute liaison, il faut dans ce cas, l'exprimer par la syllabe *il*, dont le signe est facile et rapide.

Exemples : *N'aura-t-il pas eu? aurait-il été?* etc. (Pl. III.)

L'on doit supposer que ceux à qui la sténographie peut être utile savent conjuguer, l'on se borne donc aux exemples, et à exprimer la première personne du pluriel de chaque temps. (*Voy*. Pl. III.)

Adverbes de comparaison.

Les adverbes servant en français à marquer les différens degrés de comparaison, et qui complètent les *comparatifs* et les *superlatifs*, seront abrégés par des signes particuliers tracés sur la ligne d'écriture pour les adverbes d'*égalité*, au-dessus pour ceux de *supériorité*, et au-dessous pour l'*infériorité*. (Pl. III.)

Quand deux adverbes de quantité se suivent immédiatement, l'on trace le dernier prononcé au-dessous de l'autre.

Exemples : *D'autant plus*, *d'autant moins*, *de plus en plus*, *plus ou moins*, etc. (Pl. III.)

Augmentatifs et diminutifs.

Le signe du superlatif (*le plus*) désignera encore les *augmentatifs* et *les diminutifs*; ainsi les mots *généralissime*, *éminentissime*, *sérénissime*, *archiduc*, *architrésorier*, *archevêque*, et par extension tous les composés du mot grec *archi* s'écriront, *général*, *éminent*, *serein*, *duc*, *trésor*, *évêque*, avec le signe tracé au-dessus du mot réduit. (Pl. V.)

Les mots *monticule*, *particule*, *maisonnette*, *fillette*, *lionceau*, *louveteau*, *arbrisseau*, etc., s'écriront, *mont*, *partie*, *maison*, *fille*, *lion*, *loup*, *arbre*, avec le signe de réduction tracé au-dessous du radical. (Pl. V.)

En français, les adjectifs *grand* et *petit* indiquant le plus souvent les augmentatifs et les diminutifs, l'on abrégera ces mots par leur lettre initiale.

Des répétitions.

Les répétitions sont fréquentes dans le discours; elles portent ou sur les mots ou sur les phrases. Le signe abréviatif de répétition est l'accent *circonflexe* de l'écriture usuelle (^), tracé soit au-dessous du mot qu'on veut répéter, soit en ligne d'écriture, à la place du mot ou de la phrase qu'il supplée.

Exemples: Les grands sont un spectacle à tout

l'univers ; leurs actions passent de bouche en *bouche*, de provinces en *provinces*, de nations à *nations ;* rien n'est privé dans leur vie. (Massillon.)

Il y a une fausse modestie qui est vanité, *une fausse* gloire *qui est* légèreté, *une fausse* grandeur *qui est* petitesse, *une fausse* vertu *qui est* hypocrisie, *une fausse* sagesse *qui est* pruderie.

(La Bruyère.)

C'est un maître intérieur qui me fait taire, *qui me fait* parler, *qui me fait* croire, *qui me fait* douter, *qui me fait* avancer une erreur, ou infirmer mon jugement. (Fénélon.)

Un honnête homme n'est pas toujours un homme honnête, et *un homme honnête n'est pas toujours* un honnête homme. (Pl. III.) (La Rochefoucault.)

Les mots ou les phrases écrits en caractères italiques sont abrégés par le signe de répétition.

Des oppositions.

Le but de nos jugemens est d'affirmer des sujets qu'ils ont, ou qu'ils n'ont pas telles ou telles qualités, qu'ils existent ou qu'ils agissent de telle ou telle manière, et comme nous n'apercevons entre les objets comparés que ressemblances ou différences, convenances ou disconvenances, les oppositions sont fréquentes dans toutes les langues.

L'opposition existe soit dans les *objets*, soit dans les *jugemens*, c'est-à-dire dans les mots ou dans les phrases.

Exemples : Grand, *petit*, froid, *chaud*, bonté, *méchanceté*, prodigue, *avare*, spirituellement, *sottement*, honnêtement, *malhonnêtement*, heureux, *malheureux*, etc.

Il méprise, il *estime*; il blâme, il *loue*; il approuve, il *désapprouve*; il veut, il *ne veut pas*; il pleure, il *rit*; il parle, il *se tait*; il commence, il *finit*, etc.

L'x de l'écriture usuelle, composée de deux courbes formées dans un sens opposé, est le signe d'opposition (x); ce signe qui tient lieu de la phrase ou du mot abrégé se trace en ligne d'écriture.

Exemples : Le blanc et le *noir* dans les couleurs, le doux et l'*amer* dans les saveurs, le grave et l'*aigu* dans les sons, offrent pour chaque sens des preuves de ce dualisme qui règne dans la nature. (Pl. III.)

(Virey. *Dict. des sc. médic.*)

Ne faites point parler vos acteurs au hasard,
Un vieillard en *jeune homme*, un jeune homme en *vieillard*.

(Boileau, *Art poét.*)

La faiblesse de la raison de l'homme paraît bien davantage à ceux qui ne la connaissent pas *qu'à ceux qui la connaissent*. (Pascal.)

Il n'y a pas d'homme riche qui soit aussi heureux de ce qu'il a, que *malheureux de ce qu'il n'a pas.*

Les gens qui savent peu parlent beaucoup, et les gens qui *savent beaucoup parlent peu.*

(J.-J. ROUSSEAU.)

De la Réciprocité.

Le même verbe répété avec changement d'action marque le plus souvent la *réciprocité.*

Exemple : il aime, *il est aimé ;* il frappe, *il est frappé*, etc.

La réciprocité est indiquée par l'union de deux lignes obliques, se coupant en sautoir (×). Ce signe trace en ligne d'écriture. (Pl. III.)

La ligne oblique à droite est terminée par un zéro, lorsqu'il y a changement d'action avec négation ou opposition.

Exemple : il aime, *il n'est pas aimé ;* il est aimé, *il n'aime pas.* (Pl. III.)

Les lois unissent les peuples aux rois et *les rois aux peuples.*

Les passions influent sur l'organisation, et l'*organisation influe sur les passions ;* mais elles n'en sont pas moins assujetties à l'empire de l'âme.

Que ne peut un roi qui aime son peuple et *qui en est aimé?* (Pl. III.)

Suppression de mots.

L'on peut, dans la Sténographie cursive, supprimer quelques phrases incidentes et les mots nécessairement suppléés par le sens du discours et par la construction.

Les mots sur lesquels portent ces réductions sont : les *Articles*, les *Pronoms*, les *Prépositions*, les *Adverbes de comparaisons*, etc.

Quand ces mots sont répétés dans la même phrase, et que leur omission ne peut nuire à l'intelligence de cette phrase, l'on indique alors cette suppression, en laissant entre les mots un intervalle plus marqué.

2°. ABRÉVIATIONS PAR LES LETTRES INITIALES.

L'on peut se dispenser d'écrire en entier les mots les plus composés, lorsque leur sens est suffisamment indiqué par la phrase et la liaison des idées ; on se contente d'exprimer assez de lettres pour retracer à la mémoire le mot qu'on veut rappeler. Ainsi cette phrase,

Les obstacles se multiplient pour augmenter sa gloire, peut s'abréger :

Les obst. se mult. pour augm. sa gloire, etc.

Ce moyen ne doit être pratiqué que lorsque l'on sténographie très-cursivement sur des objets familiers.

La plupart des mots appelés par les grammairiens *Prépositions*, *Conjonctions* et *Pronoms* seront abrégés par leur *consonne* ou *syllabe initiale*.

Des Prépositions.

Les Prépositions les plus fréquentes, telles que celles qui suppléent les déclinaisons et celles qui indiquent les rapports les plus intimes des objets et des idées, seront exprimées, savoir les premières, qu'on pourrait appeler *simples*, par la consonne ou syllabe initiale ; et les secondes, qu'on pourrait appeler *composées*, également par la consonne ou syllabe initiale, mais barrée d'une petite sécante. (Pl. IV.)

Il ne faut donner au même signe qu'une seule acception, et ne pas multiplier ces abréviations au point de fatiguer la mémoire.

Des Conjonctions.

On peut, dans une écriture cursive et qui ne doit pas être communiquée, abréger les Conjonctions les plus fréquentes par le mode de réduction générale, c'est-à-dire, par la *consonne* ou *syllabe initiale*, avec l'addition du *Q*, tracé en montant. Le *que* qui termine presque toujours les conjonctions, dans notre langue, convient bien à ce genre d'abréviation.

Exemple : *lorsque*, *parce que*, *puisque*, *attendu que*, *de manière que*, etc. (Pl. IV.)

Des Pronoms personnels et possessifs.

Les pronoms personnels de première et seconde personne pour les deux nombres, et les pronoms possessifs des deux genres, pour le singulier seulement, seront abrégés par leur lettre initiale. (Pl. IV.)

Exemples : *Je, Me, Tu, Nous, Vous ; Mon, Ton, Notre, Votre,*
Exprimés par : *J, M, T, N, V ; M, T, N, V.*

Les pronoms *personnels* ne peuvent être confondus avec les *possessifs*, puisque les premiers sont toujours placés devant un verbe, et les autres devant un nom.

L'on se rappellera que les pronoms de troisième personne sont abrégés par le *point* et la *virgule*. (*Voy*. Pl. III.)

Les autres pronoms personnels ou possessifs, exprimés en français par des monosyllabes, ne pouvant s'abréger par la *lettre initiale*, ne sont point susceptibles de réduction dans l'écriture sténographique ; ils rentrent cependant dans la règle générale qui consiste à abréger par lettre ou *syllabe initiale* ; règle qui peut s'appliquer à d'autres langues.

Le pronom conjonctif *qui* sera abrégé par la forme du *Q* sténographique qui se termine à droite. (Pl. IV.)

La répétition des pronoms de même personne, et qui caractérise en français les verbes *réfléchis*, sera exprimée en barrant les lettres abréviatives des pronoms.

Exemples : *Je me*, *tu te*, *il se*, *nous nous*, *vous vous*, *ils se*, *qui se*. (Pl. IV.)

3°. ABRÉVIATIONS PAR LA LETTRE FINALE.

Ce mode d'abréviations, purement mécanique, consiste à donner deux acceptions à la lettre finale des mots les plus composés (1); la première est toujours celle de la lettre, et la seconde celle de l'abréviation. Ainsi, par exemple, le B a la double valeur d'une labiale ou de la terminaison *able*, *fiable*, *isible*; si l'on joint cette lettre aux mots *vitre*, *juste*, *commun*, *cristal*, etc., l'on a écrit : *vitreb*, *justeb*, *communb*, *cristalb*, lesquels n'offrant aucun sens, s'expliquent par la signification abréviative, c'est-à-dire, *vitrifiable*, *justiciable*, *communicable*, *cristallisable*.

Le même mode s'étend aux caractères sténographiques, dont la propriété est indiquée par l'analogie de la lettre avec la désinence : ainsi, dans ce procédé, la mémoire, le signe et le son concourent pour en faciliter l'exercice.

Lorsque l'union de la lettre abréviative au mot réduit peut donner lieu à une double interpréta-

(1) La raison permet de donner aux lettres finales deux acceptions tellement incohérentes qu'elles ne peuvent contrarier la liaison des idées.

Dans quelle langue parlée ou écrite n'existe-t-il pas d'homonymes ou de synonymes?

En français, les mots *pain*, *pin*, *peint*; *fin*, *faim*, *feint*; *père*, *paire*, *pair*; *mère*, *mer*, *maire*; *saint*, *sein*, *seing*, *ceint*; *pois*, *poix*, *poids*, etc., etc., n'ont jamais arrêté l'intelligence la plus bornée sur leur vraie signification.

tion, ou nuire à la lecture, l'on détachera le signe d'abréviation.

Les signes abréviatifs des désinences se tracent, quand ils sont détachés, dans la plus petite dimension, et, liés, ils conservent leur proportion ordinaire de lettres.

La plupart des signes qui s'écrivent au-dessous du mot réduit, étant portés au-dessus, prennent la terminaison adverbiale *ment*. Ainsi, *atif*, *atique*, *icieux*, *icier*, etc., s'interprèteront dans cette position : *ativement*, *atiquement*, *icieusement*, *icièrement*. Les caractères ne peuvent se lier en conservant cette propriété abréviative. Ceux désignant les terminaisons *ateur*, *fiant* et *ment*, se lient ou se détachent à volonté. (*Voy*. le Tableau des abréviations *finales*, Pl. V.)

Dans le petit nombre de mots où la double acception du signe abréviatif pourrait offrir un sens douteux, l'on compose le mot d'assez de lettres pour qu'il n'y ait plus d'équivoque. Ainsi, pour distinguer *géographie* de *géologie*, ce dernier mot s'écrira *géol.*, avec l'*i*, qu'on peut lier ou détacher. (Pl. IV et V.)

FIN.

TRADUCTION DE LA PLANCHE VI.

LYSIMAQUE.

Lorsque Alexandre eut détruit l'empire des Perses, il voulut que l'on crût qu'il était fils de Jupiter. Les Macédoniens étaient indignés de voir ce prince rougir d'avoir Philippe pour père ; leur mécontentement s'accrut, lorsqu'lis lui virent prendre les mœurs, les habits et les manières des Perses ; ils se reprochaient tous d'avoir tant fait pour un homme qui commençait à les mépriser. Mais on murmurait dans l'armée, et on ne parlait pas.

Un philosophe, nommé *Callisthène*, avait suivi le roi dans son expédition. Un jour qu'il le salua à la manière des Grecs, « *D'où vient*, lui dit Alexandre, *que tu ne m'adores pas ?* Seigneur, lui dit Callisthène, vous êtes chef de deux nations : l'une, esclave avant que vous l'eussiez soumise, ne l'est pas moins depuis que vous l'avez vaincue ; l'autre, libre avant qu'elle vous servît à remporter tant de victoires, l'est encore depuis que vous les avez remportées. Je suis Grec, Seigneur, et ce nom vous l'avez élevé si haut que, sans vous faire tort, il ne vous est plus permis de l'avilir. »

Les vices d'Alexandre étaient extrêmes comme ses vertus : il était terrible dans sa colère ; elle le rendait cruel. Il fit couper les pieds, le nez et les oreilles à Callisthène, ordonna qu'on le mît dans une cage de fer, et le fit porter ainsi à la suite de l'armée.

J'aimais Callisthène, et de tout temps, lorsque mes occupations me laissaient quelques heures de loisir, je les avais employées à l'écouter ; et si j'ai de l'amour pour la vertu, je le dois aux impressions que ses discours faisaient sur moi. J'allai le voir. « Je vous salue, lui dis-je, illustre malheureux que je vois dans une cage de fer, comme on enferme une bête sauvage, pour avoir été le seul homme de l'armée. »

« Lysimaque, me dit-il, quand je suis dans une situation qui demande de la force et du courage, il me semble que je me trouve presqu'à ma place. En vérité, si les dieux ne m'avaient mis sur la terre que pour y mener une vie voluptueuse, je croirais qu'ils m'auraient donné en vain une âme grande et immortelle. Jouir des plaisirs des sens est une chose dont tous les hommes sont aisément capables ; et si les dieux ne nous ont faits que pour cela, ils ont fait un ouvrage plus parfait qu'ils n'ont voulu, et ils ont plus exécuté qu'entrepris. Ce n'est pas, ajouta-t-il, que je sois insensible : vous ne me faites que trop voir que je ne le suis pas. Quand vous êtes venu à moi, j'ai trouvé d'abord quelque plaisir à vous voir faire une action de courage. Mais, au nom des dieux, que ce soit pour la dernière fois ! Laissez-moi soutenir mes malheurs, et n'ayez pas la cruauté d'y joindre encore les vôtres. »

« Callisthène, lui dis-je, je vous verrai tous les jours. Si le roi vous voyait abandonné des gens vertueux, il n'aurait plus de remords ; il commencerait à croire que vous êtes coupable. Ah ! j'espère qu'il ne jouira pas du plaisir de voir que ses châtimens me font abandonner un ami. »

Un jour Callisthène me dit : « Les dieux immortels m'ont consolé, et depuis ce temps je sens en moi quelque chose de divin qui m'a ôté le sentiment de mes peines. J'ai vu en songe le grand Jupiter. Vous étiez auprès de lui ; vous aviez un sceptre à la main et un bandeau royal sur le front ; il vous a montré à moi et m'a dit : *Il te rendra plus heureux*. L'émotion où j'étais m'a réveillé ; je me suis trouvé les mains élevées au ciel et faisant des efforts pour dire : *Grand Jupiter*, si Lysimaque doit régner, fais qu'il règne avec justice! Lysimaque, vous régnerez : croyez un homme qui doit être agréable aux dieux, puisqu'il souffre pour la vertu. »

Cependant Alexandre ayant appris que je respectais la misère de Callisthène, que j'allais le voir, et que j'osais le plaindre, il entra dans une nouvelle fureur. « Va, dit-il, combattre contre les lions, malheureux, qui te plais tant à vivre avec les bêtes féroces. »

On différa mon supplice pour le faire servir de spectacle à plus de gens. Le jour qui le précéda, j'écrivis ces mots à Callisthène : « Je vais mourir. Toutes les idées que vous m'aviez données de ma future grandeur se sont évanouies de mon esprit. J'aurais souhaité d'adoucir les maux d'un homme tel que vous. » Prexape, à qui je m'étais confié, m'apporta cette réponse : « Lysimaque, si les dieux ont résolu que vous régniez, Alexandre ne peut vous ôter la vie; car les hommes ne résistent point à la volonté des dieux. »

Cette lettre m'encouragea; et faisant réflexion que les hommes les plus heureux et les plusmalheureux sont également environnés de la main divine, je résolus de me conduire, non pas par mes espérances, mais par mon courage, et de défendre jusqu'à la fin une vie sur laquelle il y avait de si grandes promesses. On me mena dans la carrière. Il y avait autour de moi un peuple immense qui venait être témoin de mon courage ou de ma frayeur. On me lâcha un lion. J'avais plié mon manteau autour de mon bras : je lui présentai ce bras, il voulut le dévorer : je lui saisis la langue, la lui arrachai et la jetai à mes pieds. Alexandre aimait naturellement les actions courageuses ; il admira ma résolution, et ce moment fut celui du retour de sa grande âme. Il me fit appeler, et me tendant la main : « Lysimaque, me dit-il, je te rends mon amité ; rends-moi la tienne. Ma colère n'a servi qu'à te faire faire une action qui manque à la vie d'Alexandre. » Je reçus les grâces du roi ; j'adorai les décrets des dieux, j'attendis leurs promesses sans les rechercher ni les fuir.

Alexandre mourut, et toutes les nations furent sans maître. Les fils du roi étaient dans l'enfance ; son frère *Aridée* n'en était jamais sorti. *Olympias* n'avait que la hardiesse des âmes faibles ; et tout ce qui était cruauté était pour elle du courage ; *Roxane*, *Eurydice*, *Statira* étaient perdues dans la douleur. Tout le monde, dans le palais, savait gémir, et personne ne savait régner. Les capitaines d'Alexande levèrent donc les yeux sur son trône ;

mais l'ambition de chacun fut contenue par l'ambition de tous. Nous partageâmes l'empire, et chacun de nous crut avoir partagé le prix de ses fatigues. Le sort me fit roi d'Asie ; et à présent que je puis tout, j'ai plus besoin que jamais des leçons de Callisthène. Sa joie m'annonce que j'ai fait quelque bonne action, et ses soupirs me disent que j'ai quelque mal à réparer. Je le trouve entre mon peuple et moi. Je suis roi d'un peuple qui m'aime. Les pères de famille espèrent la longueur de ma vie comme celle de leurs enfans, les enfans craignent de me perdre comme ils craignent de perdre leur père. Mes sujets sont heureux, et je le suis.

TRADUCTION DE LA PLANCHE VII.

ÉLOGE DE L'ÉCRITURE.

« L'ESPRIT de l'homme s'est signalé par mille dé-
» couvertes dignes d'admiration ; mais s'il en est
» une dont il puisse surtout se glorifier, c'est, sans
» contredit, l'art presque divin de l'écriture. Après
» le don de la parole qu'il tient du créateur, il n'a
» rien de plus cher et de plus précieux. Art des
» arts, science des sciences, l'écriture l'a conduit
» à la source de toutes les vérités. Sans elle, mal-
» gré l'excellence de sa raison, il serait encore
» plongé dans l'ignorance : à peine connaîtrait-
» il l'inestimable prix de la pensée et de la ré-
» flexion. Invention sublime ! chef-d'œuvre du
» génie ! l'écriture est pour nous une nouvelle fa-
» culté, un nouvel organe, qui ne le cède point
» à ceux dont la nature nous a doués. C'est une
» seconde voix, dont les accens se font entendre
» sans le secours des sons ; une seconde parole,
» qui donne à l'œil la propriété de l'oreille. Par
» elle, le muet converse avec le sourd : l'un parle

» et l'autre entend. C'est une nouvelle mémoire » dont l'étendue n'a point de bornes ; qui se charge, » sans aucune peine, de toutes les choses que nous » avons à lui confier, quel qu'en soit le nombre, » quelle qu'en soit la variété.

» Ingénieuse image de la pensée, fidèle écho » de l'âme, confidente et messagère de ses senti- » mens, l'écriture se charge de nos sensations, » de nos désirs, de nos mouvemens les plus se- » crets. Comme une glace pure et inaltérable, » elle les réfléchit dans le même ordre, avec les » nuances les plus délicates, sans les altérer, sans » les confondre. Jamais envoyé ne les rendit, ne » les répéta aussi fidèlement. Portée sur ses ailes, » la parole n'est plus circonscrite dans l'espace » étroit de quelque lieu. Elle franchit les mers, » elle parcourt les deux hémisphères, elle se fait » entendre aux deux extrémités du monde.

» Monument presque indestructible, l'écriture » seule peut véritablement immortaliser l'homme ; » elle seule survit à ses ouvrages les plus durables ; » elle seule triomphe des années, des siècles. » Depuis long-temps les trophées d'Achille ne sont » plus : les vers qui les célèbrent brillent encore » de tout leur éclat. Déesse universelle de sciences » et des arts, elle les embrasse et les anime tous :

» ils lui doivent leur accroissement, leur perfection
» et leur gloire. Elle appelle le génie, elle le ré-
» veille et lui donne une nouvelle activité. Elle est
» tout à la fois le fil qui en dirige l'essor, le burin
» qui en grave les vestiges, l'élément où il vit, où
» il se perpétue.

» Participant en quelque manière à la nature
» de l'âme, l'écriture est le lien des esprits : c'est
» par elle qu'ils commercent ensemble, qu'ils se
» communiquent de toutes parts leurs réflexions
» et leurs raisonnemens, qu'ils ne font qu'une
» seule masse de leurs connaissances, qu'un seul
» profite des lumières de tous. Dépositaire et vé-
» hicule de leurs pensées, elle les transmet à tous
» les peuples, elle les conserve dans tous les
» temps. C'est un flambeau, c'est un astre qui
» luit sans se consumer, à la faveur duquel les
» siècles passés éclairent ceux qui les suivent.
» Sans elle la postérité ignorerait que d'autres
» générations l'ont précédée, que d'autres hommes
» ont existé.

» Prodige vraiment incompréhensible ! l'écri-
» ture enchaîne l'idée, qui brille et s'évanouit
» comme l'éclair ; fixe le son et la voix, qui s'en-
» volent sans retour ; donne à la parole impal-
» pable la solidité du marbre, à la pensée fugi-

» tive l'éternité. Froide et insensible, elle vous » échauffe, elle vous émeut; elle réveille, elle » calme les passions; elle vous inspire mille sen- » timens divers. Elle sait également et répandre » les fleurs du plaisir, et faire couler les larmes » de la douleur. Disons plus : l'écriture, associant » les substances les plus inconciliables, unit l'es- » prit à la matière, et l'y incorpore en quelque » sorte avec toutes ses facultés. Par son moyen, » ce que la pensée a de plus brillant, le raison- » nement de plus persuasif, la sensibilité de plus » exquis, le goût de plus délicat, se répand » comme une essence sur le papier, et s'y insinue » pour ne faire plus avec lui qu'un même tout.

» Prenant, pour ainsi dire, un corps et une » âme, l'écriture devient un personnage qui nous » répresente un second nous-même. Elle nous re- » produit, elle nous fait être en plusieurs lieux; » nous commandons, nous agissons où nous ne » sommes pas. Par elle, ces sages, ces écrivains » célèbres, qui firent l'ornement et la gloire de » leur siècle, vivent et respirent encore. Dispersés » dans les différentes parties et dans les différens » âges du monde, elle les rapproche et les réunit; » elle les fait coexister ensemble et avec nous; » elle les rend nos contemporains.

» Enfin le génie, dans la création de l'écriture, » semble avoir fait l'effort le plus sublime dont il » fût capable, et s'être surpassé lui-même pour » exciter l'admiration et la reconnaissance. Il s'est » alors élancé dans le ciel pour en rapporter le » feu divin de Prométhée, et en communiquer » l'étincelle à tous les esprits. Ce n'est en effet qu'à » la propagation de l'écriture que l'homme est re- » devable de la grandeur où il s'est élevé. Dès ce » moment il a vu la lumière se fortifier autour de » lui ; la sphère de ses idées s'est étendue, ses » facultés intellectuelles se sont perfectionnées, et » pour ainsi dire multipliées.

» Illustre Thoth ! immortel Hermès ! c'est là » ton ouvrage : tels sont les effets de ta brillante » invention. Le monde littéraire te doit ainsi son » existence, tu en es le père et le fondateur ; sois » aussi l'objet de ses éloges. Que tous les écrivains » s'empressent à l'envi de célébrer ton nom et de » chanter tes louanges. Plus ils ont acquis de gloire, » plus il doivent t'en faire hommage. C'est toi qui, » en leur mettant la plume à la main, leur as ou- » vert le chemin à l'immortalité.

« *Semper honos, nomenque tuum, laudesque manebunt.* »

(VIRG. *Ecl.*)

Si l'écriture, toute imparfaite qu'elle est, mérite cependant un pareil éloge, en quels termes pourra s'exprimer la reconnaissance publique ! Quelle plume entreprendra de décrire les immenses avantages et l'éminente supériorité de la Sténographie, qui, riche des bienfaits de l'écriture usuelle, est affranchie de la *science* de l'orthographe, de tout l'*art* qu'exige la forme des lettres, des *exceptions* sans nombre que présentent leurs diverses acceptions, et qui, par-dessus tout, rivalise de vitesse avec la parole ?

Oui, le sténographe l'imprime soudain sur le papier, transformé par sa main habile en une toile fidèle où se peint l'âme de l'orateur et les passions qui l'agitent ; qui transmet à la postérité l'admiration qu'a produite sur les auditeurs l'explosion d'une éloquence improvisée, aidée de la puissance du génie échauffé par l'amour du bien public, et par la gloire de vivre dans la mémoire des hommes !

FIN DE LA TRADUCTION DES PLANCHES.

TABLE

DES MATIÈRES.

FIN DE LA TABLE DES MATIÈRES.

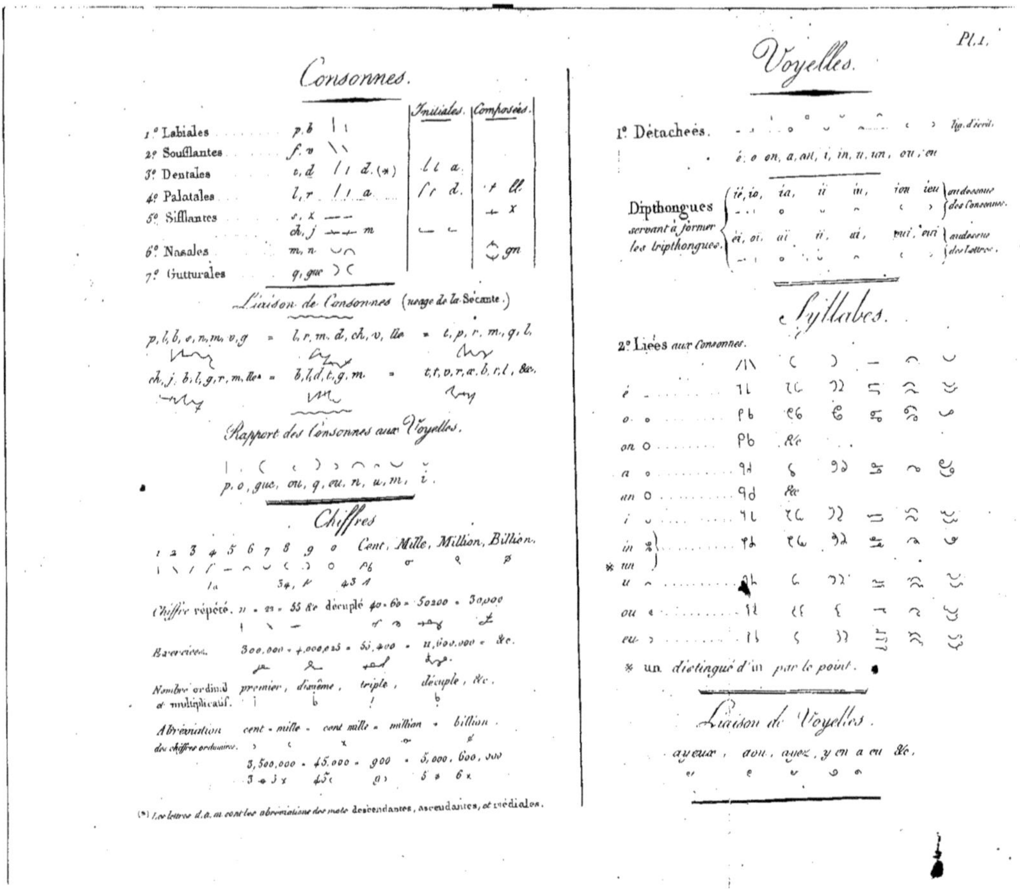

Consonnes.

		Initiales.	Composées.
1.° Labiales	p. b		
2.° Soufflantes	f. v		
3.° Dentales	t, d d. (*)	a.	
4.° Palatales	l, r a.	d.	ll.
5.° Sifflantes	s, x		x
	ch, j m		
6.° Nasales	m, n		gn
7.° Gutturales	q, gue		

Liaison de Consonnes (usage de la Sécante.)

p, l, b, s, n, m, v, g = l, r, m, d, ch, v, lle = t, p, r, m, q, l,

ch, j, b, l, g, r, m, lles = b, l, d, t, g, m. = t, t, v, r, a, b, r, l, &c.

Rapport des Consonnes aux Voyelles.

p. o, gue, on, q, eu, n, u, m, i.

Chiffres

1 2 3 4 5 6 7 8 9 0 Cent, Mille, Million, Billion.

1a 34, 431

Chiffre répété. 11 = 22 = 55 &c. décuplé 40 = 60 = 50200 = 30,000

Exercices. 300,000 = 4,000,025 = 55,400 = 11,600,000 = &c.

Nombre ordinal et multiplicatif. premier, dixième, triple, décuple, &c.

Abréviation des chiffres ordinaires. cent = mille = cent mille = million = billion.

3,500,000 = 45,000 = 900 = 5,000,600,000

3 3 x 45 9 5 6 x

(*) Les lettres d. a. m. sont les abréviations des mots descendantes, ascendantes, et médiales.

Voyelles.

1.° Détachées. fig. d'écrit.

é, o on, a, an, i, in, u, un, ou, eu

Dipthongues servant à former les tripthongues.

ié, io, ia, ii, iu, ion ieu } au dessous des Consonnes.

éi, oi, ai, ii, ui, oui, eui } au dessus des Lettres.

Syllabes.

2.° Liées aux Consonnes.

é
o
on &c.
a
an &c.
i
in *
* un
u
ou
eu

* un distingué d'in par le point.

Liaison de Voyelles.

ayeux, aou, ayez, y en a eu &c.

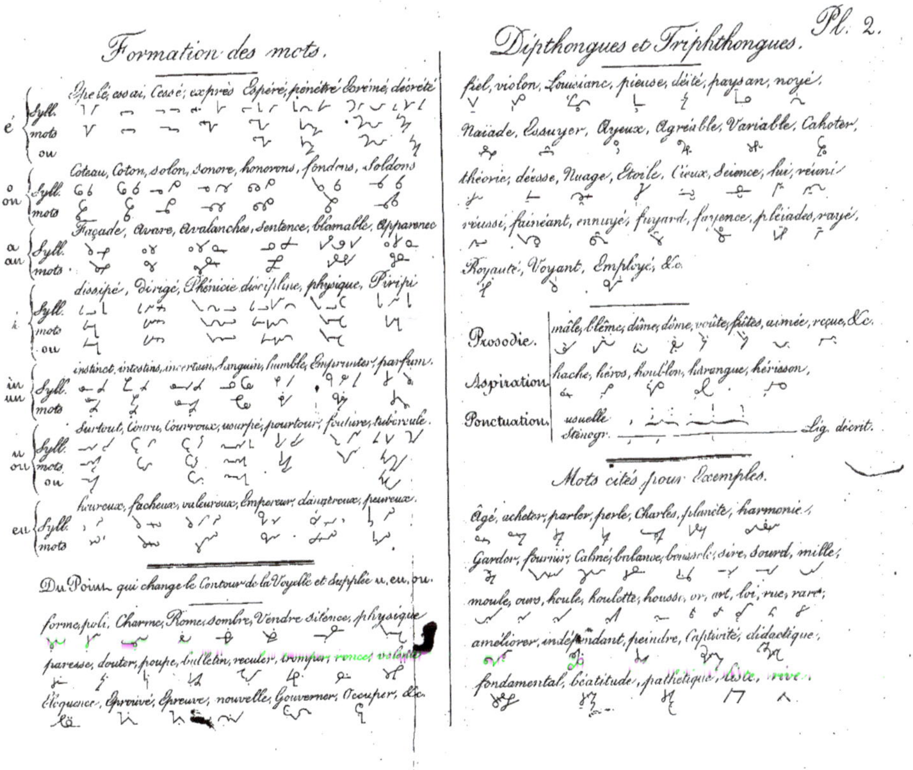

Pl. 2.

Formation des mots.

é { Syll. / mots / ou }
Épelé, essai, Cessé, exprès, Espéré, pénétré, Écrémé, décrété

o / on { Syll. / mots }
Coteau, Coton, solon, sonore, honorons, fondons, Soldons

a / an { Syll. / mots }
Façade, Avare, Avalanches, Sentence, blamable, Apparence

i { Syll. / mots / ou }
dissipé, Dirigé, Phénicie, discipline, physique, Piripi

in / un { Syll. / mots }
instinct, intestins, incertain, Sanguin, humble, Emprunter, parfum.

u / ou { Syll. / mots / ou }
Surtout, Couru, Courroux, usurpé, pourtour, future, tubercule.

eu { Syll. / mots }
heureux, facheux, valeureux, Empereur, dangereux, peureux.

Du Point qui change le Contour de la Voyelle et supplée u, eu, ou.

forme, poli, Charme, Rome, sombre, Vendre, silence, physique

paresse, douter, poupe, bulletin, reculer, tromper, ronces, volatile

Éloquence, Éprouvé, Épreuve, nouvelle, Gouverner, Occuper, &c.

Dipthongues et Triphthongues.

fiel, violon, Louisiane, pieuse, déité, paysan, noyé.

Naïade, Essuyer, Ayeux, Agréable, Variable, Cahoter,

théorie, déesse, Nuage, Étoile, Cieux, Science, lui, réuni,

réussi, fainéant, ennuyé, fuyard, fayence, pléiades, rayé,

Royauté, Voyant, Employé, &c.

Prosodie. | mâle, blême, dîme, dôme, voûte, flûtes, aimée, reçue, &c.

Aspiration | hache, héros, houblon, harangue, hérisson,

Ponctuation. | usuelle / Sténogr. — Lig. décrit.

Mots cités pour Exemples.

Âgé, acheter, parler, perle, Charles, planète, harmonie,

Garder, fournir, Calmé, balance, bruxelle, sire, Sourd, mille,

moule, ours, houle, houlette, housse, or, art, loi, rue, rare,

améliorer, indépendant, peindre, Captivité, didactique,

fondamental, béatitude, pathétique, leste, rive.

Pl. 3.

Abréviations Générales.

des Verbes, et principalement des auxiliaires Être et Avoir.

	Temps simples.		Temps composés.	été	eu
Indicatif.					
Présent.	n. sommes		n. avons		
Imparfait.	n. étions		n. avions		
Parf. défini.	n. fûmes		n. eûmes		
Futur absolu.	n. serons		n. aurons		
Conditionnel.	n. serions		n. aurions		
Impératif.	soyons		ayons		
Subjonctif prés.t	q. n. soyons		q. n. ayons		
Imparfait.	q. n. fussions		q. n. eussions		
Infinitif présent.	être		avoir		
Participe actif.	étant		ayant		

Négation. n. n'avons pas, n. n'avons pas été, n. n'avons pas eu.

Interrogation. avez-vous été, n'aura-t-il pas eu, sommes nous,

aurait-il été, aurons nous, n'aurions nous pas eu.

Verbes réfléchis. je m'étais, tu t'étais, il s'était, n. n. étions, v. v. étiez, &c.

Forme condition.lle. je ne suis que, n. n'aurions été que, v. ne serez que, &c.

Temps des autres Verbes. n. aimerions, v. justifierez, n. aurions aimé, v. serez aimés, &c.

Remarque : Les Temps simples du verbe avoir se tracent au-dessus du pronom ou du mot qui précède.

Articles et Pronoms de 3.e personne.

Singulier.	Pluriel.
le la, du de la, à l' à la,	les, des, aux à des.
il, elle	ils, elles

Adverbes de Comparaison.

Egalité. autant. Supériorité. plus, le plus. Infériorité. moins, le moins. &c.

d'autant plus, d'autant moins, de plus en plus, plus ou moins, &c.

Répétition. (1) un honnête homme n'est pas toujours un homme honnête, et un homme honnête n'est pas toujours un honnête homme.

Opposition. (x) le blanc le noir, le doux l'amer, le grave l'aigu, &c.

ne faites point parler vos acteurs au hazard,

un vieillard en jeune homme, un jeune homme en vieillard.

Réciprocité. (x) que ne peut un Roi qui aime son peuple et qui en est aimé!

Changement d'action avec opposition. (x∘) il aime, il n'est pas aimé. il est aimé, il n'aime pas.

Abréviations initiales.

désignées par la Consonne ou Syllabe initiale.

Pronoms.

Personnels. { je, me moi, tu te toi, se il, qui, Nous, vous, eux, ils.

possessifs. { mon ton notre votre

Réflechis. je me, tu te, il se, Nous nous, Vous vous, ils se.

Prépositions.

1° Simples.	2° Composées.	
par	près de	À peu près
avec	à l'effet de	Auprès de
de	devant	En vertu de
pour	Selon, Suivant	Au devant de
jusque	Néanmoins	À travers
Excepté	malgré	de manière
avant	Concernant	Au milieu de
après	à Cause de	Moyennant
		Nonobstant
		&c.

Conjonctions.

Lorsque, parceque, puisque, attendu que, de manière que, &c.

Abréviations Finales.

Pl. 4.

Traduction en Caractères Sténographiques des mots de la Pl. 5, dans l'ordre où ils sont Cités pour Exemples d'abréviations.

Signes abréviatifs liés au mot ou tracés au dessous.	Signes tracés au dessus du mot les désinences aleur, fiant et ment. Peuvent se lier.
B.	ON.
F.	F.
T.	R.
É.	É.
U.	AN.
I.	M.
G.	G.
EU.	EU.

Signes détachés.

Opposition &c.

TABLEAU DES ABRÉVIATIONS FINALES, *Pl. V.*

Désignées par la lettre finale analogue à la désinence : les terminaisons *itude*, *ature* et *ment* sont seules abrégées par la pénultième.

SIGNES TRACÉS AU-DESSOUS DU MOT.

B ı able, ible, ifiable, isible (adjectif désignant tout ce qui est susceptible de devenir, ou de recevoir l'action du verbe.) Exemp. : *vitrifiable*, *cristallisable*, *transmissible*, *justiciable*, etc., réduits à *vitre*, *cristal*, *transmis*, *juste*. (Voyez Pl. IV, la traduction en caractères sténographiques des mots cités pour exemple.)

F \ graphe, atif, ficatif, ative et analogues (adjectif provenant du verbe d'action.) Exemp. : *sténographe*, *terminatif*, *communicatif*, *significatif*, etc., réduits à *sténo*, *terme*, *commun*, *signe*. Pl. IV.

T / ité, bilité, fiabilité et analogues (subst. dérivé de l'adjectif, exprimant par conséquent une qualité.) Exemp. : *humanité*, *variabilité*, *monstruosité*, *particularité*, etc., réduits à *homme*, *varie*, *monstre*, *partie*. Pl. IV.

É - icier, icié, ifier, isé et analogues (infinitif du verbe ou participe passif.) Exemp. : *verbaliser*, *clarifier*, *modifié*, *justifié*, etc., réduits à *verbe*, *clar*, *mode*, *juste*. Pl. IV.

U ⌒ itude, ature, facture (subst. désignant l'acte, le procédé, le travail de la main.) Exemp. : *lassitude*, *manufacture*, *ouverture*, *flétrissure*, etc., réduits à *las*, *main*, *ouvre*, *flétri*. Pl. IV.

Ï ⌣ graphie, logie, isme, isserie (subst. désignant la science, l'art, la doctrine.) Exemp. : *géographie*, *géologie*, *astronomie*, *christianisme*, *jurisprudence*, *ébénisterie*, etc., réduits à *géo*, *géol*, *astre*, *christ*, *juri*, *ébène*. Pl. IV.

Gu c tique, atique, logique, graphique (adject. se rapportant à la science.) Exemp. : *astronomique*, *minéralogique*, *sulfurique*, *scientifique*, etc., réduits à *astre*, *mine*, *soufre*, *science*. Pl. IV.

Eu ɔ icieux, icieuse et analogues. Exemp. : *avaricieux*, *fabuleux*, *globuleux*, *mélodieuse*, etc., réduits à *avare*, *fable*, *globe*, *mélo*. Pl. IV.

s icule (diminutif.) Exemp. : *monticule*, *particule*, *animalcule*, *pellicule*, etc., réduits à *mont*, *partie*, *animal*, *pelli*. Pl. IV.

• désigne en général la réduction de tout substantif, principalement de ceux dont la terminaison n'est pas abrégée. Exemp. : *amertume*, *gentillesse*, *poltronnerie*, *canonnade*, etc., réduits à *amer*, *genti*, *poltron*, *canon*. Pl. IV.

SIGNES TRACÉS AU-DESSUS DU MOT.

On ı ation, action, fication (subst. désignant l'action, dérivé le plus souvent du verbe actif.) Exemp. : *herborisation*, *minéralisation*, *purification*, *clarification*, etc., réduits à *herbe*, *mine*, *paci*, *clar*. Pl. IV. Dans la liaison, le trait vertical est remplacé par la boucle désignant la voyelle *on*.

F \ ativement, activement et analogues (désinences adverbiales.) Exemp. : *affirmativement*, *négativement*, *comparativement*, *furtivement*, réduits à *affirme*, *nég.*, *compare*, *fur*. Pl. IV.

R / ateur, acteur, facteur, ficateur, iste, logiste (subst. désignant celui ou celle qui fait, pratique, cultive, professe.) Exemp. : *législateur*, *agriculteur*, *blanchisseur*, *vérificateur*, etc., réduits à *légi*, *agri*, *blanc*, *vers*. Pl. IV.

É - ièrement et analogues (désin. adv.) Exemp. : *grossièrement*, *foncièrement*, *premièrement*, *dernièrement*, etc., réduits à *gros*, *fons*, *prem*, *dern*. Pl. IV.

An o ifiant, isant, ment (participe actif.) Exemp. : *purifiant*, *verbalisant*, *généralisant*, etc., réduits à *pur*, *paci*, *verbe*, *génér*. Pl. IV.

M ⌣ ment, ablement, ièmement, issement (adverbe en général.) Exemp. : *dédaigneusement*, *misérablement*, *vingtièmement*, *épaississement*, etc., réduits à *dédain*, *misère*, *vingt*, *épais*. Pl. IV.

Gu c atiquement, logiquement, graphiquement et analogues (désin. adv.) Exemp. : *mathématiquement*, *juridiquement*, *physiquement*, *philosophiquement*, etc., réduits à *mathém*, *juri*, *philoso*. Pl. IV.

Eu ɔ eusement, icieusement et analogues (des adv.) Exemp. : *valeureusement*, *glorieusement*; *précieusement*, *généreusement*, etc., réduits à *valeur*, *glor*, *préci*, *génér*. Pl. IV.

s issime (augmentatif.) Exemp. : *généralissime*, *éminentissime*, *archichancelier*, *archiduc*, etc., réduits à *général*, *éminent*, *chancelier*, *duc*. Pl. IV.

• indique en général la réduction de tout adjectif, surtout de ceux dont la désinence n'est pas abrégée. Exemp. : *champêtre*, *nocturne*, *judiciaire*, *vermiculaire*, etc., réduits à *champ*, *noc*, *judi*, *vermi*. Pl. IV.

OPPOSITION. En terminant par une boucle les signes détachés des différentes sortes d'abréviations, l'on indique le contraire du mot réduit. Ex. : *indubitable*, *interminable*, *inattentif*, *inattention*, *inhumanité*, *contrefacteur*, *antiscorbutique*, *invraisemblablement*, etc., réduits à *doute*, *terme*, *attend*, *homme*, *fait*, *scorbut*, *vrai*. Pl. IV.

www.ingramcontent.com/pod-product-compliance
Ingram Content Group UK Ltd.
Pitfield, Milton Keynes, MK11 3LW, UK
UKHW020927180726
13838UKWH00002B/804